주일 복음에서 만나는 주님(가해)

빛이 떠올랐다

마태 4,16

주일 복음에서 만나는 주님(가해)

빛이 떠올랐다

마태 4,16

김상인 글

빛으로 다가오시는 주님

'복음'(福音)이란 무엇일까요?

베네딕토 16세 교황님은 제13차 세계 주교 시노드 정기 총회의 첫 번째 전체 회의에서 하신 묵상(2012.10.8.)에서 복음에 대해 다음과 같이 말씀하셨습니다.

"하느님께서는 당신의 침묵을 깨셨고, 하느님께서는 말씀하셨으며, 하느님께서는 현존하신다. 이 사건이 그 자체로 구원이다. 하느님께서는 우리를 아시고, 우리를 사랑하시며, 역사 안으로 들어오셨다. 예수님께서는 그분의 말씀이시다. 우리와 함께 계신 하느님, 우리를 사랑한다는 사실을 드러내신 하느님, 돌아가실 때까지 우리와 함께 고통받으시고 부활하신 하느님이시다. 이것이 복음이다. 하느님께서는 말씀하셨다. 그분께서는 더 이상 알려지지 않은 위대한 존재가 아니시다. 당신 자신을 드러내셨다. 그리고 이것이 구원이다"(교황청 새복음화촉진평의회, 『교리 교육 지침』, 주교회의 교리교육위원회〈역〉, 한국천주교중앙협의회 2025, 각주 75.).

우리를 아시고 사랑하시며 우리와 함께하시는 주님께서 당신을 굳게 믿고 따르는 이들을 구원하십니다. 이렇게 복음은 우리가 주님 안에서 사랑받은 존재요, 예수 그리스도를 통해서 구원으로 나아가는 존재임을 알려 주고 있습니다. 이 소식은 듣고 사라져 버리는 소식이 아니라 그것을 마음속 깊이 간직하고 굳게 믿어 삶으로 살아가는 이들에게 주님 안에서 구원을 향한 큰 기쁨과 희망을 얻게 해 줍니다.

  또한 복음 안에서 얻게 되는 큰 기쁨은 혼자만 간직하는 것이 아니라 다른 이들과 그 기쁨을 나누게 하고 다른 이들에게 주님을 증언하게 합니다. 사도들도 예수님의 이름으로 절대로 말하지도 말고 가르치지도 말라고 지시받지만, 주님 사랑에 매료되어 "우리로서는 보고 들은 것을 말하지 않을 수 없습니다."(사도 4,20) 하고 증언합니다.

  한편, 바오로 사도는 로마서 10장에서 복음 선포와 그것을 받아들이는 이들에 대해 설명하면서, "기쁜 소식을 전하는 이들의 발이 얼마나 아름다운가!"(로마 10,15) 하고 말합니다. 기쁜 소식을 들은 이들은 진정으로 이 소식을 마음으로 믿어 의로움을 얻게 되고 입으로 고백하여 구원을 얻게 됩니다(로마 10,10 참조).

미래사목연구소는 복음의 기쁨과 그것을 선포하는 사명과 가치의 소중함을 간직하며, 2005년부터 『신나는 복음 묵상』을 매월 구독하시는 분들에게 제공했습니다. 특히 이 복음 묵상을 시작하신 차동엽(노르베르토) 신부님께서 주님의 품으로 가시기 전까지 마지막으로 작업한 것도 복음 선포였습니다. 이 뜻을 받들어 저도 2019년 말부터 새롭게 복음 묵상을 회원분들에게 제공했고, 그동안 준비한 작은 열매를 나누고자 이렇게 책으로 만들게 되었습니다.

그동안 『신나는 복음 묵상』을 작업한 시간이 짧지 않았기에 그 여정에서 복음을 깊이 있게 묵상하게 되었고 그 속에서 주님을 진하게 체험하였습니다. 이런 과정에서 연구소의 여러 업무 중에서도 심혈을 기울이게 되었습니다. 그러한 이유는 이 소임은 단순한 업무가 아니라 주님께 제 마음과 삶을 봉헌하는 것이기 때문이었습니다.

이번에 작업하게 된 복음 묵상집의 제목은 "빛이 떠올랐다."(마태 4,16)입니다. 이사야 예언서 9장을 통해 마태오 복음에서 '어둠 속에 앉아 있는 백성이 큰 빛을 보았고 죽음의 그림자가 드리운 고장에 앉아 있는 이들에게 빛이 떠올랐다'(이사 9,1; 마태 4,16 참조)라고 언급한 것처럼, 우리 삶이 어둠과 죽음의 그림자 속에 있더라도 "큰 빛"으로 다가오시는 주님께서 계시다는 희망의 말씀에서 이번 복음 묵상집을 시작하려 했습니다.

이 묵상집은 그동안 제공된 『신나는 복음 묵상』에서의 원문을 기반으로 작성됐지만, 방대한 분량에서 핵심만 간추려 매 주일의 복음을 묵상할 수 있게 구성했습니다. 또한 매주 복음 묵상을 마무리하는 기도를 통해 복음 묵상 안에서 우리의 마음을 주님께 봉헌하도록 꾸몄고, 읽으시는 분들의 묵상과 결심을 메모할 수 있는 공간도 마련했습니다.

이 묵상집 안에서 주일 복음을 통해 빛으로 다가오시는 우리 주님을 꼭 만나 뵙고 그분께서 주시는 사랑으로 충만하시길 기도 올리겠습니다.

2025년 고촌 천등고개에서
김상인 신부

차례

빛으로 다가오시는 주님 ··· 4

- 대림 제1주일 ··· 12
- 대림 제2주일 ··· 17
- 대림 제3주일 ··· 22
- 대림 제4주일 ··· 28
- 주님 성탄 대축일 - 낮미사 ··· 34
- 예수, 마리아, 요셉의 성가정 축일 ··· 40
- 천주의 성모 마리아 대축일 ··· 46
- 주님 공현 대축일 ··· 52
- 주님 세례 축일 ··· 58
- 연중 제2주일 ··· 64
- 연중 제3주일 ··· 70

- 주님 봉헌 축일 ⋯ 76
- 연중 제4주일 ⋯ 82
- 연중 제5주일 ⋯ 88
- 연중 제6주일 ⋯ 94
- 연중 제7주일 ⋯ 100
- 사순 제1주일 ⋯ 106
- 사순 제2주일 ⋯ 112
- 사순 제3주일 ⋯ 118
- 사순 제4주일 ⋯ 124
- 사순 제5주일 ⋯ 130
- 주님 수난 성지 주일 ⋯ 136
- 주님 부활 대축일 - 낮미사 ⋯ 142
- 부활 제2주일 ⋯ 148
- 부활 제3주일 ⋯ 154
- 부활 제4주일 ⋯ 160
- 부활 제5주일 ⋯ 166
- 부활 제6수일 ⋯ 172
- 주님 승천 대축일 ⋯ 178

- 성령 강림 대축일 … 184
- 지극히 거룩하신 삼위일체 대축일 … 190
- 지극히 거룩하신 그리스도의 성체 성혈 대축일 … 196
- 연중 제11주일 … 202
- 연중 제12주일 … 208
- 연중 제13주일 … 214
- 연중 제14주일 … 220
- 연중 제15주일 … 226
- 연중 제16주일 … 232
- 연중 제17주일 … 238
- 연중 제18주일 … 244
- 연중 제19주일 … 250
- 연중 제20주일 … 256
- 연중 제21주일 … 262
- 연중 제22주일 … 268
- 연중 제23주일 … 274
- 연중 제24주일 … 280

- 성 김대건 안드레아 사제와
  성 정하상 바오로와
  동료 순교자들 대축일 ··· 286
- 연중 제25주일 ··· 292
- 연중 제26주일 ··· 298
- 연중 제27주일 ··· 304
- 연중 제28주일 ··· 310
- 연중 제29주일
  - 민족들의 복음화를 위한 미사 ··· 316
- 연중 제30주일 ··· 322
- 모든 성인 대축일 ··· 328
- 연중 제31주일 ··· 334
- 연중 제32주일 ··· 340
- 연중 제33주일 ··· 346
- 온 누리의 임금이신
  우리 주 예수 그리스도왕 대축일 ··· 352

주석 ··· 358

대림 제1주일
마태 24,37-44

> 너희도 준비하고 있어라.
> 너희가 생각하지도 않은 때에
> 사람의 아들이 올 것이기
> 때문이다.
>
> 마태 24,44

🌱 오늘 예수님께서는 우리에게 준비하고 깨어 있는 신앙의 모습을 일깨워 주십니다. 왜냐하면 그러한 삶을 살아가는 사람만이 구원의 열매를 기쁘게 얻을 수 있기 때문입니다.

복음에서 설명된 예수님의 말씀 중, 노아 때 홍수가 닥쳐 휩쓸려간 사람들과 사람의 아들의 재림 때 버려질 사람들의 공통적인 모습은 바로 준비하지 못한 모습, 곧 깨어 있지 못하는 모습입니다.

그러면 그렇게 준비하지 못한 이유는 무엇일까요? 그 이유는 우리가 생각할 수 있듯이 홍수가 닥칠 정확한 시점을 알지 못했다는 것과 예수님께서 재림할 정확한 시점을 알 수 없다는 데에 있습니다.

그러나 구약성경에서 노아가 주님의 말씀에 따라 방주를 만들었던 시점(창세 6장 참조)에 우리가 생각해 보아야 할 것은 방주를 만드는 그 기간이 바로 악을 일삼고 타락한 인류가 회개해야 했었고, 할 수 있었던 마지막 기회였다는 것입니다.

결국 예수님의 말씀처럼 홍수가 나기 전에 사람들은 노아가 방주에 들어가는 날까지 일상적인 생활을 하면서 앞으로의 일을 전혀 의식하거나 준비하지 못하고 있었습니다. 이런 준비되지 못한 삶의 결과는 멸망을 맞이할 수밖에 없었던 것입니다.

이제 예수님께서는 우리에게 다시금 그 방주에 들어갈 기회, 곧 구원을 맞이할 회개의 기회를 주고 계십니다. 그렇게 하기 위해서는 '준비하는 삶, 곧 깨어 있는 신앙의 자세'가 절실히 요구됩니다. 왜냐하면 이런 삶만이 예수님을 우리 안에 모실 수 있는 삶이고, 우리가 주님의 도움으로 구원의 길로 나아가는 삶이기 때문입니다.

하지만 그것을 잘 알고 있으며 꼭 실행해야 함도 느끼고 있지만, 깨어 있는 신앙의 삶을 살아가는 것은 절대 쉽지만은 않습니다.

오늘 예수님께서 우리에게 강조하신 '준비하는 삶, 곧 깨어 있는 삶'은 단순히 우리에게 무거운 짐을 얹으시려는 것이 아닙니다. 오히려 주님과 함께 걸어가는 그 여정에서 주님을 만나고 받아들이는 삶이 얼마나 행복하고 복된 삶인지를 일깨워 주시려는 것입니다.

하지만 우리는 이 여정에서 주님을 만나고 함께 살아가는 훈련을 분명히 하게 됩니다. 바로 그러한 훈련 후 우리가 정말로 주님을 만나게 될 때, 더 이상 두렵거나 당황하지 않고 최고의 기쁨과 행복을 얻게 될 것입니다.

🌿 함께 기도하시겠습니다.

 희망의 주님, 부족한 저희에게 회개의 기회를 주심에 감사드립니다.
 주님, 언제나 저희가 당신께 돌아오기를 간절히 기다려 주심에 감사드립니다.
 하시만 주님, 깨어 있는 신앙을 살아가려고 노력하면서도 작고 큰 유혹에 걸려 넘어지거나, 저희의 의지가 약해 실행에 옮기는 데 어려울 때가 많았습니다.
 주님, 저희와 함께하시어 지혜와 인내의 은총을 내려 주시고, 항상 당신의 길만을 찾아서 충실히 걷게 하소서.
 우리 주 예수 그리스도를 통하여 비나이다. 아멘!

대림 제2주일
마태 3,1-12

회개하여라.
하늘 나라가 가까이 왔다.

마태 3,2

오늘 복음에서는 세례자 요한이 등장합니다. 그는 유다 광야에서 사람들에게 "회개하여라. 하늘 나라가 가까이 왔다."(마태 3,2) 하고 선포합니다. 요한은 오랜 시간 동안 광야에서 낙타 털로 된 옷을 입고 허리에 가죽 띠를 두르면서, 오직 하느님께 마음을 열고 기도에 전념했습니다. 그리고 때가 되어 주님의 도움으로 그분의 오심을 준비하기 위한 그의 사명을 펼치기 시작합니다.

복음은 이사야서 40장 3절을 인용하면서 그의 신원에 대해 다음과 같이 말합니다. "광야에서 외치는 이의 소리. '너희는 주님의 길을 마련하여라. 그분의 길을 곧게 내어라'"(마태 3,3). 그는 분명히 말씀이신 그리스도는 아니지만, 그분의 오심을 사람들로 하여금 준비시키게 해 주는 진정한 예언자였습니다.

세례자 요한이 유다인들에게 주로 선포한 골자는 구원을 받기 위한, 곧 주님의 오심을 정성껏 준비하기 위한 '회개'입니다. 그 어원이 나타내듯이 회개는 마음을 바꾸는 것으로, 곧 정신 차려 마음을 오직 하느님께 향하는 것을 의미합니다.

이 말은 히브리어 '슈브'(shub), 곧 '돌아서다'와 비슷한 의미를 갖습니다. 그래서 회개라는 것은 우리가 가지고 있는 악습과 그릇된 생각에서 과감히 벗어나,

오직 하느님께 마음과 생각을 두어 자기 삶의 방향을 근본적으로 바꾸는 것을 나타내고 있습니다.

　그렇기 때문에 우리는 그동안의 삶을 얼마나 하느님과 가까이했는가를 묵상해야 합니다. 조용한 가운데 주님을 느끼며, 지난날의 시간을 떠올려 보아야 할 것입니다. 주님께서 나에게 얼마나 많은 사랑을 주셨는지 그리고 나는 그 사랑을 제대로 느끼고 감사했는지, 아니면 주님께서 주시는 사랑은 뒤로한 채 내 중심적으로 삶을 살지는 않았는지 묵상해 보아야 할 것입니다.

　우리는 이렇듯 주님 안에서 머무를 때 온전히 주님의 숨결을 느끼며, 주님께서 우리에게 말씀하시는 소리를 들을 수 있습니다. 하지만 지난날의 죄스러운 나의 삶이 너무 커다랗게 다가오더라도 '우리를 향한 주님의 마음은 언제나 열려 있다.'라는 믿음은 매우 중요합니다.

　주님께서는 우리의 지난날이 중요한 것이 아니라, 다시금 당신께 마음을 돌리는 지금의 회개를 더 소중히 여기시고, 앞으로 당신과 기쁘게 사는 것을 좋아하십니다. 지금껏 이끌어 주신 주님 사랑에 감사드리며 더욱더 주님께 나아가고, 그분 안에 머무르며 구원의 길로 나아가도록 함께 노력합시다.

🌿 함께 기도하시겠습니다.

  용서의 주님, 언제나 부족한 저희를 당신의 품으로 받아 주심에 감사드립니다.
  주님, 당신께서는 언제나 대문을 활짝 열고 저희를 한없이 기다려 주셨습니다.
  주님, 안타깝게도 저희는 그 열린 대문에 다가가기보다 저희가 원하는 곳을 더욱더 바라보고 찾고자 노력했습니다. 그리고 그곳에서 진정한 삶의 의미보다, 삶의 고통과 상처를 더 받기도 했습니다.
  사랑의 주님, 이제는 당신 품으로 다시 돌아가려 합니다.
  주님, 저희가 진정으로 회개하여 당신께만 머무르고 당신의 사랑 속에서 영원한 생명을 누릴 수 있도록 이끌어 주소서.
  우리 주 예수 그리스도를 통하여 비나이다. 아멘!

대림 제3주일
마태 11,2-11

여자에게서 태어난 이들 가운데 세례자 요한보다 더 큰 인물은 나오지 않았다.

마태 11,11

🌱　세례자 요한의 사명은 메시아, 곧 예수님께서 오시는 길을 준비하는 것이었습니다. 사람들이 하늘 나라에 들어갈 수 있도록 준비시켰던 것입니다. 그는 메시아를 맞이하기 위해 사람들에게 회개를 부르짖었고, 이를 위해 물로 세례를 주었습니다.

그런데 예수님은 "하늘 나라에서는 가장 작은 이라도 그보다 더 크다."(마태 11,11ㄴ)라고 말씀하십니다. 우리는 예수님이 이렇게 말씀하신 이유를, 오늘 복음에는 나오지 않지만 곧바로 이어서 나오는 구절인 13절에서 찾을 수 있습니다.

"모든 예언서와 율법은 요한에 이르기까지 예언하였다"(마태 11,13).

여기서 모든 예언서와 율법이 의미하는 것은 '구약시대'입니다. 이것은 구약시대가 세례자 요한에서 끝났다는 것을 의미합니다. 그리고 이제 예수님으로부터 신약시대가 시작됩니다. 따라서 앞선 11절의 말씀은 앞으로 예수님과 함께 펼쳐지는 신약시대에 받을 은총이 더 크다는 것을 강조하는 말입니다.

하지만 예수님은 12절에서 하늘 나라는 세례사 요한부터 지금까지 폭행을 당하고 있다고 말씀하십니다. 이 말씀은 하늘 나라를 빼앗으려 폭력을 쓰는 자들이 존재한다는 말씀입니다(마태 11,12 참조).

그러면 누가 그러한 것일까요? 당시 요한을 감옥에 가둔 헤로데 안티파스와 예수님을 죽이려 한 율법 학자들과 바리사이들이 이에 해당할 것입니다. 그들은 하늘 나라를 무력으로 제압하려 하겠지만, 하늘 나라는 오로지 예수님만 차지하실 수 있습니다.

예수님은 결론으로 세례자 요한의 사명을 받아들이는 사람들에게, 그가 오기로 되어 있는 '엘리야'라고 말씀하십니다(마태 11,14 참조). 말라키서 3장을 보면 엘리야에 대해 이런 말을 합니다.

"보라, 주님의 크고 두려운 날이 오기 전에 내가 너희에게 엘리야 예언자를 보내리라"(말라 3,23).

당시 유다인들은 엘리야가 다시 와서 메시아를 준비할 것으로 생각하고 그를 기다렸습니다. 그래서 예수님의 이 말씀을 요한의 사명이 구약에 예언된 엘리야의 사명과 같음으로 이해할 수 있습니다.

우리는 오늘 예수님의 말씀을 통해 세례자 요한이 어떤 사람인지, 또 그가 부여받은 사명은 무엇인지 알게 되었습니다. 그런데 가장 중요한 것은 세례자 요한의 사명을 통해, 예수님이 그가 그토록 준비해 온 메시아, 곧 그리스도라는 사실을 받아들이는 것입니다. 이것이 세례자 요한이 가장 전하고 싶은 말이었을 것이라 묵상됩니다.

예수님을 구원자로 받아들이는 것은 하늘 나라의 기쁨을 받아들이는 것과 같습니다. 우리는 이를 통해 앞으로 주님께서 주시는 하늘 나라의 놀라운 신비를 체험하게 될 것입니다.

🌿 함께 기도하시겠습니다.

　희망의 주님, 어디로 가야 할지 몰라 방황하는 저를 붙잡아 주심에 감사드립니다.
　주님, 무엇이 진리인지 헤매며 당신을 저의 구원자로 굳게 믿지 못할 때도 당신은 저를 놓지 않으셨습니다.
　주님, 제가 당신을 주님으로 깊이 느낄 때까지 당신은 기다리고 도와주셨습니다.
　주님, 이제 제 안에 깊숙이 당신을 느끼며, 당신만이 오직 저의 주님이심을 고백하고 증거하게 하소서.
　우리 주 예수 그리스도를 통하여 비나이다. 아멘!

대림 제4주일
마태 1,18-24

보아라,
동정녀가 잉태하여
아들을 낳으리니 그 이름을
임마누엘이라고 하리라.

마태 1,23ㄱ

🌱 요셉은 꿈에 나타난 천사에게서 마리아가 잉태한 소식을 듣습니다. 그러나 그는 이런 상황을 법대로 처리하여 마리아를 죽음으로 몰아넣기보다, '사랑의 법'을 따라 마리아와 남모르게 파혼하기로 마음먹었습니다.

마음이 혼란한 순간에 하느님께서는 당신의 천사를 보내시어 요셉의 꿈에 나타나 마리아를 아내로 맞이할 것과 그 몸에 잉태된 아기가 성령으로 말미암았다는 사실을 말씀하십니다(마태 1,20 참조).

마리아가 처녀의 몸으로 잉태하게 된 이유는 분명히 성령으로 말미암은 것이었습니다. 이 말은 하느님께서 마리아를 당신의 종으로 선택하셨고, 그 몸을 통해 인류를 구원할 그리스도를 잉태시키셨다는 것입니다.

하느님께서는 마리아가 성령으로 잉태한 사실을 하느님의 구원 섭리 안에서 이해해야 함을 요셉에게 말씀하신 것입니다. 따라서 요셉에게 힘들더라도 이런 사실을 받아들이고 마리아와 결혼하도록 하는 결단을 내려 주십니다.

한편, 요셉에게 하신 말씀은 단순한 주님의 명령으로 그치지 않고 자세한 설명이 뒷받침됩니다. 주님의 천사는 그에게 아기의 이름을 알려 줍니다. 그 이름은 바로 '예수'로, '하느님은 구원이시다. 하느님은 구세주이시다.'라는 뜻을 가지고 있습니다.

또한 주님의 천사는 예수님 탄생에 대하여, 예언자를 통해서 하신 말씀이 이루어지려고 이 모든 일이 일어났다고 말합니다(마태 1,22 참조). 그 근거로 이사야 예언서 7장의 말씀을 인용합니다.

"보아라, 동정녀가 잉태하여 아들을 낳으리니 그 이름을 임마누엘이라고 하리라"(마태 1,23ㄱ).

결국 예수님이 우리에게 오신다는 것은 하느님께서 우리와 함께하신다는 것(임마누엘)과 같은 의미로 받아들일 수 있습니다.

잠에서 깨어난 요셉은 이 같은 천사의 말을 받아들이고 마리아를 아내로 맞아들입니다. 인간적으로 도저히 이해하고 받아들이기 어려운 예수님의 잉태 소식이었지만, 요셉은 천사의 말을 하느님의 말씀으로 받아들이고 이에 순종합니다.

오늘 복음을 통해 우리는 예수님의 잉태 소식을 듣게 됩니다. 그 과정을 통해 인간적으로 쉽게 이해하기 어려운 이 잉태는 바로 전능하신 하느님께서 하신 일이라는 믿음 안에서 받아들일 수 있습니다. 그리고 중요한 것은 예수님의 잉태와 탄생이, 모든 인류를 향한 하느님의 강력한 구원 의지를 드러내고 있다는 점입니다.

　예수님의 이름이 뜻하는 바대로 하느님께서는 우리 인간을 사랑하셔서, 당신이 직접 우리 가운데로 오시어 구원으로 이끄십니다. 우리는 앞으로 태어날 예수님의 이름에 기뻐하며 희망을 걸고 있으며, 장차 펼쳐질 예수님의 모든 일은 아버지 하느님의 뜻이고, 우리를 위한 하느님의 사랑임을 믿고 있습니다.

🌿 함께 기도하시겠습니다.

 사랑의 주님, 당신의 섭리로 언제나 저희를 사랑으로 이끌어 주심에 감사드립니다.
 주님, 부족한 저희의 이해력과 판단력으로 주님의 뜻을 잘 이해하지도, 받아들이지도 못할 때가 많습니다.
 그러나 주님, 당신께서 저희와 언제나 함께하시고 당신의 올바른 길로 이끌어 주심을 굳게 믿습니다.
 아직 연약한 저희를 더 가르쳐 주시고 당신과 온전히 일치할 수 있도록 도와주소서.
 우리 주 예수 그리스도를 통하여 비나이다. 아멘.

주님 성탄 대축일 - 낮미사
요한 1,1-18

말씀이 사람이 되시어
우리 가운데 사셨다.

요한 1,14

🌱 2,000년 전 예수님은 왜 이 세상에 오셨을까요? 또 예수님의 탄생은 무엇을 의미할까요?

한 성실한 남자가 불난 집의 부모를 구하려다 얼굴에 심한 화상을 입고 마음의 문을 닫은 이야기가 있습니다.

그는 아내의 끝없는 대화 시도와 설득에도 미동이 없었고 그러한 그를 안타깝게 여긴 아내는 그를 위해 성형외과 의사를 찾아가 상담을 합니다. 상담을 한 의사는 자신이 그 남편을 도와줄 수 있다고 말하며 그 집으로 향합니다.

여러 번에 걸쳐 의사가 설득한 말에 그 남자는 전혀 답변이 없었습니다. 그러자 의사는 마지막으로 그에게 이렇게 말합니다.

"선생님, 부인께서 저더러 자기 얼굴을 일그러뜨려 선생님의 얼굴처럼 만들어 달라고 합니다. 선생님의 삶에 들어가고 싶어서 말입니다. 선생님의 아내는 그만큼 선생님을 사랑합니다!"

마침내 굳게 닫혀 있던 방문이 열리고 남편은 나와서 아내를 깊게 안아 주었습니다.[1]

가톨릭 교회는 예수님의 강생(降生)의 신비를 "말씀은 이처럼 우리가 하느님의 사랑을 깨닫게 하시려고 사람이 되셨다"라고 가르치고 있습니다. 그리고 이러한 가르침의 근본은 예수님의 탄생 이유와 의미가 인간을 위한 하느님의 사랑에 있음을 알려 주고 있습니다.

우리는 앞서 얼굴이 일그러진 남편을 향한 아내의 감동적인 사랑 이야기를 들었습니다. 그리고 이 이야기의 핵심인 남편의 얼굴과 같아지려는 아내의 마음이 바로 인간으로 오신 하느님의 마음, 곧 그 사랑임을 알게 됩니다.

많은 이들이 경험을 통해 알고 있듯, 사랑의 속성 가운데 하나는 사랑하는 대상과 같아지려는 것입니다. 사랑 안에는 사랑하는 그의 처지와 상황을 받아들이려 하고 그의 마음을 이해하며 함께하려는 강한 에너지가 내재해 있습니다.

힘들고 어려운 처지에 살아가고 있는 인간과 함께 살아가기 위해 인간이 되신 것, 그것이 주님 성탄의 의미라 볼 수 있습니다.

그래서 성탄은 인간과 함께하심의 위로의 사건이요, 하느님 스스로 사람이 되신 겸손의 사건이며, 온전히 사람을 구원하고 사랑하려는 사랑의 사건이라 말할 수 있습니다. 그리고 우리가 이를 온전히 받아들이고 기뻐하는 것에서 주님 성탄의 진정한 의미를 찾을 수 있습니다.

또한 우리도 성탄의 의미를 되새기며 가난한 이들의 소리에 귀 기울이고, 그들과 진정으로 소통하며 그들의 고통 속에서 신음하고 있는 예수님을 발견해야 할 것입니다. 또한, 그들과 함께 살며 강생의 신비가 지금 여기서 생생히 일어나고 있음을 체험해야겠습니다.

🌿 함께 기도하시겠습니다.

 사랑의 주님, 저희를 구원하시기 위해서 저희 가운데 오심에 감사드립니다.
 주님, 당신이 아니면 사랑도, 구원도, 자비도, 용서도 깊이 깨닫지 못했을지 모릅니다.
 주님, 이제는 당신의 말씀을 통해 진정으로 무엇이 옳고, 또 우리가 무엇을 따라서 살아야 하는지 분명히 깨닫게 해 주십니다.
 주님, 당신 생명의 말씀을 저희 마음에 깊이 간직하고 살게 하소서.
 그리하여 저희는 당신 안에서 머물고, 당신을 저희 안에서 영원한 주님으로 모시고 살게 하소서.
 우리 주 예수 그리스도를 통하여 비나이다. 아멘!

예수, 마리아, 요셉의 성가정 축일
마태 2,13-15.19-23

일어나 아기와
그 어머니를 데리고
이집트로 피신하여라.

마태 2,13

🌱 전 신자 가정 방문을 하게 되었습니다. 설레는 마음으로 각 가정을 정성스럽게 방문하면서 가족들과 기쁨의 인사도 나누고 주님께 기도도 정성껏 드렸습니다. 어떤 분들은 감격해서 우시는 분들도 있고, 또 어떤 분들은 신이 나서 마냥 기뻐하시는 분들도 있었습니다. 물론 해당 집주인이 빨리 마치고 갔으면 하는 느낌의 순간도 아주 조금 있었습니다.

가정 방문을 하면서 놀랍게 경험한 것은 각 가정에서 나오는 신앙의 향기, 곧 주님을 사랑하고 그 사랑 안에서 가족들이 어우러지는 분위기였습니다. 어떤 가정은 십자가와 성모상 그리고 초가 정성스럽게 잘 준비되어 있고 기도의 흔적도 있었습니다.

그러나 어떤 가정은 성상에 먼지가 뽀얗게 쌓여 있어 예수님과 성모님께 죄송한 마음도 들곤 했었습니다. 그런데 더욱 중요했던 것은 가족 구성원들과의 대화 속에서 얼마나 신앙의 숨결이 뿜어져 나오느냐는 것이었습니다.

여러 가정이 있지만, 한 가정이 인상적으로 기억에 남습니다. 노부부가 있있는데, 자매님께서 암 두병 중이었습니다. 그런데 절망 속에서도 그 자매님은 항상 웃고 있었고 본당의 각종 신심단체와 봉사단체의 활동도 열심히 하였습니다. 어떻게 그렇게 할 수 있을까하며 궁금증을 가졌습니다.

그 자매님 가정을 방문해 보니 답이 나왔습니다. 틈나면 성경을 필사하고 가족들과 이웃들에게 예수님에 관해 기쁘고 자신 있게 이야기하는 것이었습니다. 한번은 그 자매님의 반모임에 참석하게 되었는데, 사람들 앞에서 예수님에 대한 신앙을 뜨겁게 증언하는 것이었습니다. 얼마나 놀랍고 감사한 일인가요!

그 자매님과 형제님은 서로를 끔찍이 아끼고 사랑하는 사이입니다. 형제님은 항상 아내를 위해서 아낌없이 자신의 모든 것을 내어놓고 사랑하시는 분입니다. 그분들의 자녀와 손자들도 매주 성당으로 이끌며, 오직 주님에 관한 신앙으로 똘똘 뭉쳐 있습니다.

그 가정에서 가장 중요한 것을 하나 발견했습니다. 그것은 그 가정의 중심엔 항상 '주님께서 함께하신다는 것'이었습니다.

그 가정은 모든 것을 주님께 의탁하고 그분의 뜻으로 모든 것이 이루어지도록 노력하는 가정이었습니다. 비록 절망 속에서도, 슬픔 속에서도 주님께서 계시면 극복할 수 있고 행복할 수 있음을 그들은 깨달았을 것입니다. 이러한 가정을 '성가정'이라 부르고 싶습니다.

주님께서는 우리 모든 가정에 함께하시길 원하십

니다. 당신의 이름에 희망을 두면, 그분 뜻이 각 가정에서 이루어질 것이라 믿습니다. 우리 가정에 주님의 숨결이 항상 느껴지고 그것으로 행복해지길 소망합니다.

🌿 함께 기도하시겠습니다.

주님, 당신께서 우리 가정에 함께하심을 믿습니다.
주님, 당신께서는 우리 가정을 사랑하심을 믿습니다.
주님, 당신께서는 우리 가정에 언제나 축복을 주심을 믿습니다.
주님, 우리 가정을 언제나 당신의 숨결로 가득 채우소서.
우리 주 그리스도를 통하여 비나이다. 아멘!

천주의 성모 마리아 대축일
루카 2,16-21

그러나
마리아는 이 모든 일을
마음속에 간직하고
곰곰이 되새겼다.

루카 2,19

🌱　우리는 목자들로부터 주님 탄생에 대한 이야기를 들으며, 이 모든 일을 마음속에 간직하고 곰곰이 되새기신 성모님의 모습에 집중하게 됩니다.

성모님께서는 "이 모든 일을 마음속에 간직하고 곰곰이"(루카 2,19) 되새기셨습니다. 성모님께서는 가브리엘 천사를 통해 자신이 하느님의 총애를 받았고, 성령으로 말미암아 잉태된 아기가 '야곱 집안을 영원히 다스리실 지극히 높으신 하느님의 아드님'이신 예수님이라는 엄청난 소식을 먼저 들으셨습니다(루카 1,28-33 참조).

이런 놀라운 소식에도 성모님께서는 '은총이 가득한 이여, 주님께서 그대와 함께 계시니 기뻐하여라.'(루카 1,28 참조)라는 가브리엘 천사의 인사말부터 무슨 의미인지를 곰곰이 생각하시며, 그의 말에 귀 기울이고 그 뜻을 받아들이셨습니다.

그리고 오늘 아기 예수님의 탄생을 보고 기쁜 소식을 전한 목자들의 말을 전해 들으시면서, 다시금 예수님 탄생과 그 의미에 대해 마음속 깊이 간직하셨을 것이라 묵상됩니다.

성경의 많은 이야기가 그렇듯 주님의 천사가 전해 주는 이야기나 예언자가 말한 모든 내용이 주님의 뜻을 이야기하고, 반드시 그 뜻이 주님의 섭리로 이루어진다는 것을 알 수 있습니다.

그러나 이 이야기를 단순히 듣고 머리로 이해할 때는 '그럴 수 있겠구나!'라고 생각하고 말할 수 있겠지만, 그것이 자신에게 일어났을 때 과연 우리는 어떠한 반응을 보일 수 있을까요? 엄청난 주님의 뜻을 쉽게 받아들이기 어려워할 수도 있고, 기쁘지만 정작 받아들이는 일에는 인간적인 마음이 들어 선뜻 나서기 어려울 수도 있습니다.

하지만 이처럼 무겁고 이해가 잘 안 갈 수 있는 상황에서도 성모님께서는 주님의 뜻을 겸허히 받아들이셨습니다. 그리고 주님 뜻에 자신을 온전히 맡기시면서 일생을 그분께 봉헌하셨습니다.

궁극적으로 성모님께서는 주님께 충실히 순종하는 삶을 통해 주님의 뜻을 깊이 깨닫고 '천주의 성모'라는 호칭을 얻으셨으며, 주님께서 주시는 승천의 영광으로 그분과 영원히 함께하시는 큰 기쁨을 얻게 되셨습니다.

우리는 우리가 겪는 일상의 크고 작은 일도 쉽게 이해하지 못하거나, 우리 힘만으로 그것들을 해결해 나갈 때 쉽게 무너지곤 합니다. 그래서 성모님께서 보여주신 주님의 뜻을 받아들이는 자세와 훈련이 바로 이때 우리에게 필요하다는 것을 깨닫게 됩니다.

주님께서는 우리의 모든 일을 축복해 주시고, 우리와 함께하시길 원하십니다. 언제나 우리에게 먼저 손을 내밀어 주시는 주님의 사랑과 말씀을 마음속에 간직하고 성모님처럼 되새기며 살아가길 기도합니다.

🌿 함께 기도하시겠습니다.

 위로의 주님, 저희가 삶의 고통으로 쉽게 무너질 때 당신의 말씀으로 저희를 붙잡아 주시니 감사드립니다.
 하지만 주님, 저희 일이 잘 풀리고 고통의 숨결이 잠시 멈출 때, 저희는 주님 뜻보다 저희의 뜻대로 살아갈 때가 많았습니다.
 주님, 이제는 당신께서 주시는 복음의 의미를 저희 삶 안에서 깊이 깨닫게 해 주시고, 당신 말씀 안에 머물러 살게 하소서.
 그리하여 당신께서 말씀으로 이끌어 주시는 삶 속에 진정 큰 행복과 생명이 있다는 것을 깨닫게 하소서.
 우리 주 예수 그리스도를 통하여 비나이다. 아멘!

주님 공현 대축일
마태 2,1-12

> 그 집에 들어가
> 어머니 마리아와 함께 있는
> 아기를 보고
> 땅에 엎드려 경배하였다.
>
> 마태 2,11

🌱 동방 박사들은 어떻게 "유다인들의 임금으로 태어나신 분"(마태 2,2)이 계신 지역에 정확하고 안전하게 도달할 수 있었을까요? 오늘 복음에서는 이 궁금증에 대하여 동방에서 그들을 이끈 "그분의 별"(마태 2,2)이라는 단서를 제공하고 있습니다.

이 별은 일반적으로 하늘에서 보게 되는 별이 아니라 하느님께서 그들을 위해 특별히 마련하신 나침반과 같은 별이라 묵상됩니다. 이는 아기 예수님의 탄생이 단지 한 민족만이 아니라, 온 세상을 구원하시기 위한 주님의 보편적인 구원 의지를 드러내고 있습니다.

한편, 다행히도 아기 예수님을 만나 뵈옵기까지 주님께서 이끌어 주시는 별은 동방 박사를 안전하게 베들레헴으로 인도하였고, 그들을 앞서가던 그 별은 정확히 아기 예수님이 있는 곳에 이르러 멈추게 됩니다. 길고 힘든 여정 끝에, 마침내 그들의 목적지에 도달하는 큰 기쁨을 얻게 됩니다.

그러나 그들의 진정한 기쁨은 그들이 아기 예수님께서 태어나신 곳에 들어가 어머니 마리아와 함께 있는 아기 예수님을 직접 눈으로 보고 땅에 엎드려 경배하는 데 있었다고 볼 수 있습니다(마태 2,11 참조).

우리는 이 장면에서 과연 동방 박사들이 느낀 심정

은 어떠했을까를 묵상해 볼 필요가 있습니다. 직접 그들 눈으로 보게 된 "유다인들의 임금"은 여느 임금이 태어난 화려한 왕궁이 아닌 볼품없고 허름한 곳에서 태어나셨습니다.

여기에는 축하하러 온 고위층의 인사나 화려한 축제 따윈 존재하지도 않았습니다. 이렇듯 인간적으로는 안타깝고 쉽게 상상할 수 없는 환경에서 역설적으로 인류를 구원할 '온 세상의 임금'이 태어나신 것입니다.

오늘 세상의 임금으로 태어나신 분을 찾아뵙기 위해 먼 곳에서 힘든 여정을 한 그들 눈에는 그 아기가 결코 하잘것없는 존재가 아니었습니다. 오히려 주님께서는 그들의 마음을 여시어 그 아기가 누구인지를 제대로 볼 수 있는 은총을 허락하셨을 것이라 묵상됩니다.

과연 그들은 주님께서 알려 주시고 이끌어 주셨던 아기 예수님의 탄생을 보고 땅에 엎드려 경배하였고 마음을 다해 준비한 황금과 유향과 몰약을 예물로 봉헌합니다.

주님께서는 당신의 크신 힘과 고유한 방법으로 모든 이를 당신께로 모으시고 당신께서 누구이신지를 드러내십니다. 이런 초대에 누구도 제외되지는 않습니다.

오늘 주님께서는 당신께서 왜 사람이 되시어 우리 가운데 오셨는지를 끊임없이 일깨워 주시고, 우리가 당신의 사랑받는 자녀임을 깨닫게 해 주십니다. 그러한 사랑과 구원을 드러내 주신 주님께 감사하며 기쁘게 그분을 따릅시다.

🌿 함께 기도하시겠습니다.

 사랑의 주님, 부족한 저희를 주님 자녀로 받아 주시고 이끌어 주심에 감사드립니다.
 하지만 주님, 세상에서 방황하며 당신을 주님으로 알아 뵈옵지 못하고 주님이 아닌 것에 마음을 기울일 때가 많았습니다.
 주님, 저희 마음에도 동방 박사를 이끌어 주시는 당신 사랑을 듬뿍 부어 주시어 저희 삶에서 당신을 알아 뵙게 하소서.
 그리하여 주님께서 주시는 큰 기쁨으로 행복하고, 구원으로 나아가는 참된 신앙의 삶을 살아가게 하소서.
 우리 주 예수 그리스도를 통하여 비나이다. 아멘!

주님 세례 축일
마태 3,13-17

그때 그분께 하늘이 열렸다.

마태 3,16

🌱 주님의 세례를 통해 예수님께서 분명히 하느님의 아드님이시고, 하느님께서 보내 주신 메시아, 곧 그리스도이심이 드러났습니다. 이와 같은 놀라운 사실은 더 이상 다른 메시아를 기다릴 필요가 없고, 주 그리스도를 통해서 우리가 하느님께로 가는 구원의 길이 열렸다는 것을 의미합니다.

세례를 받으시고 물에서 올라오신 예수님께 '하늘이 열리는'(마태 3,16 참조) 놀라운 일이 벌어집니다. 그리고 하느님의 거룩한 영이 내려오고, 그분의 음성이 들려옵니다. 우리는 이 순간 성부와 성자와 성령이 하나가 되는 모습을 묵상할 수 있습니다.

우리는 지금 '하늘이 열리는' 순간을 복음 묵상을 통해 살펴보았지만, 우리에게도 그러한 순간이 일어날 수 있다는 믿음을 갖게 됩니다. 겸손되이 주님께 간절히 기도하면서 '구름을 뚫어 주님께 기도가 닿는'(집회 35,20-21 참조) 체험을 하기도 합니다.

여기 '간절한 기도'에 관한 소중한 체험담 하나를 소개할까 합니다.

가난한 농부의 일곱 남매 중 막내로 태어난 어느 자매님이 있었습니다. 20대 중반에 장사로 모은 돈을 모두 잃게 된 자매님은 어느 날 명동대성당에서 교리를 받고 신자가 되었습니다.

이후 자매님은 직장 업무가 끝나면 명동대성당에 미사 참례를 하러 자주 갔고 주님께 좋은 가정을 갖게 해 달라고 기도드렸습니다. 그렇게 6개월을 열심히 기도드린 후 자매님은 남편을 만나 두 달 만에 혼인하고 두 아들을 낳아 키웠습니다.

자매님은 집을 사면 좋은 일을 하겠다고 한 하느님과의 약속을 지키기 위해 딸을 입양했는데, 그때부터 주님의 복이 넘치기 시작했다고 합니다. 결혼 생활 8년 동안 온갖 설득에도 하느님을 받아들이지 않았던 자매님의 남편을 위해 각 성지와 후원회 등에 정성껏 기도 지향을 하고 본당 미사에도 봉헌했더니 2주 만에 입교했다고 합니다.

또 같은 방법으로 자매님의 시부모님을 위해 미사 지향을 넣었더니 2개월 만에 하느님께서는 시어머님 건강을 뒤집어 놓으셨다고 합니다. 그리고 독실한 불교 신자였던 시어머님 입에서 '나 이제 성당으로 가련다'는 말이 나왔고, 시골 공소에 입교하시더니 열심한 기도 생활로 불면증과 우울증까지 치유받으셨다고 합니다.

자매님은 이런 체험을 통해 하느님께서 늘 함께해 주시고 어려울 때 의탁할 수 있는 든든한 '백'이 되어 주셔서 감사드린다고 했습니다.[2]

우리의 기도와 믿음은 부족하지만, 우리 곁에서 그것을 귀담아 주시는 분이 분명히 계십니다. 우리의 고통과 슬픔을 아시고, 우리가 말할 수 없는 힘겨움과 싸우고 있어 무엇이라 기도하기 힘들 때도 한없이 탄식하시며, 우리를 위로해 주시는 분이 분명히 계십니다.

우리는 그분 때문에 살아갈 수 있고 웃을 수 있으며, 행복할 수 있습니다. 그분은 우리가 가장 사랑하는 '하느님'이십니다.

🍃 함께 기도하시겠습니다.

  우리를 사랑하시는 주님, 당신이 우리의 아버지이심을 믿습니다.
  주님, 당신께서 우리의 아버지이심에 감사드립니다.
  주님, 우리가 힘겨워할 때 위로를, 아파할 때 용기를 주심에 감사드립니다.
  주님, 우리가 당신만이 주시는 힘으로 힘차게 살아가게 하소서.
  우리 주 그리스도를 통하여 비나이다. 아멘!

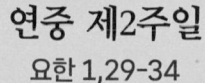

연중 제2주일
요한 1,29-34

나도 저분을 알지 못하였다.

요한 1,31

🌱 오늘 복음에서는 세례자 요한의 말씀을 통해 예수님께서 어떠한 분이신지 명확하게 드러납니다. 그분께서는 "세상의 죄를 없애시는 하느님의 어린양"(요한 1,29)이시고 "하느님의 아드님"(요한1,34)이십니다. 이 말씀은 구약과 바오로 서간을 통해서 더욱 분명하게 드러나는데, 그중에 자신을 희생하시는 분에 초점을 맞추고 싶습니다.

우선 예수님께서는 왜 자신을 희생하면서까지, 곧 자신의 목숨을 바치면서까지 활동하셨을까요? 그 이유와 목적은 무엇이었을까요?

그것은 다름 아닌 '나', '우리'를 위해서였습니다. '사랑 자체'(1요한 4,16 참조)이신 분께서 당신이 창조한 사람들을 잊지 않으시는 것은 당연한 일일 겁니다. 그것도 늘 사랑의 눈길로 당신의 자녀들을 바라보시고, 사랑의 손길로 그들을 끌어안아 주십니다.

그러나 당신에게서 멀어지고 당신의 뜻을 저버리며, 어둠의 길로 향하는 우리들을, 저를 누구보다 안타까워하시며 눈물을 흘리십니다. 그리고 외치십니다. '왜 내 미음을 모르느냐?', '어서 나에게 놀아오라.'

아버지 하느님을 모른 채 어둠 속을 걷는 우리들을 잊지 않으시며, 잃어버린 양(루카 15,3-7 참조)을 찾으시듯 주님께서는 우리를 찾아 나서십니다. 그리고 죄

많은 세상을 향하여 당신 구원 사업을 위해 당신 목숨을 기꺼이 바치십니다.

그것은 우리를 위한 사랑의 몸짓이었고, 최고의 사랑이었습니다.

당신은 죽음을 쳐 이기시고 세상에 당신만이 참구원자이심을 드러내셨습니다. 당신만 바라보며, 당신을 따르는 사람들을 모두 구원하시기로 작정하셨습니다. 어둠 속에서 방황할지라도 당신은 우리에게 손을 내밀며, '내 손을 꼭 잡아라' 하십니다. 그리고 '내가 널 반드시 구원할 거야!' 하고 말씀하십니다.

예수님께서는 하느님이 어떻게 인간을 사랑하시는지를 극명하게 보여 주셨습니다. 하느님이신 분(요한 10,30 참조)께서 당신 자신을 최대한 낮추시면서 사랑의 모범을 보여 주셨습니다.

그리고 예수님께서는 최고의 사랑은 "친구들을 위하여 목숨을 내놓는 것보다 더 큰 사랑은 없다."(요한 15,13)라고 말씀하십니다. 부족하고 죄 많은 우리를 위해서 당신의 목숨까지 기꺼이 내놓으시는 예수님은 이제 우리의 희망이십니다. 그분의 희생은 우리를 사랑하시는 것과 구원하시겠다는 의지의 표현이었습니다.

세상의 많은 사람이 예수님을 '주님'이라고 고백하

고 있고 그분께 희망을 걸고 있습니다. 주님께만 구원이 있고, 주님을 통해서 우리는 구원을 얻을 수 있음을 확신합니다. 그 길을 주님께서 우리를 위해 열어 놓으셨기 때문입니다.

🌿 함께 기도하시겠습니다.

 우리를 구원하시는 주님, 한없는 당신을 저희에게 주시니 감사드립니다.
 주님, 이제는 당신의 눈을 바라보고 당신의 손길을 느낍니다.
 주님, 이제는 저희 과거에 머물지 않고 당신과 함께 당신께서 이끄시는 미래를 봅니다.
 주님, 불쌍한 저희에게 자비를 베푸소서.
 우리 주 그리스도를 통하여 비나이다. 아멘!

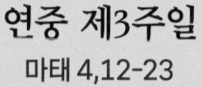

연중 제3주일
마태 4,12-23

어둠 속에 앉아 있는 백성이
큰 빛을 보았다.

마태 4,16

🌱 마태오 복음사가는 예수님의 등장을 표현하는 것에 이사야 예언서를 인용합니다.

"곤궁에 처해 있는 그 땅에 더 이상 어둠이 없으리라. 옛날에는 즈불룬 땅과 납탈리 땅이 천대를 받았으나 앞으로는 바다로 가는 길과 요르단 건너편과 이민족들의 지역이 영화롭게 되리이다. 어둠 속을 걷던 백성이 큰 빛을 봅니다. 암흑의 땅에 사는 이들에게 빛이 비칩니다"(이사 8,23-9,1).

마태오에게 이 예언은 예수님께서 갈릴래아에 도착함으로써 이루어졌습니다.

갈릴래아는 유다인들이 예로부터 '이방인들의 갈릴래아'(이사 8,23 참조)로 불렸던, 구원의 틀에서 벗어난 지방으로 여겨져 왔습니다.

북 이스라엘 지방의 최북방 지역에 있는 이 땅은 수차례 다른 민족에게 침공받고 인종적으로나 종교, 문화적으로도 거의 이방인들의 지역으로 인식됐었습니다. 그래서 오늘 복음에서는 이사야 예언서를 통해 이 지역에 사는 이들이 그동안 천대를 받아왔고 어둠 속을 걸으며, 암흑의 땅에 살고 있었다고 표현합니다.

그런데 어둠 속을 걷던 그들에게 "큰 빛"(마태 4,16)이신 예수님께서 다가가십니다.

사실 "어둠 속에 앉아 있는 이들"(마태 4,16)은 꼭 그들만을 말하는 것은 아닐 것입니다. 이것은 주님을 모르고 살아가고 있는 사람들과 주님을 외면하고 떠난 많은 사람을 의미한 것입니다. 그리고 그 가운데 우리도 그 사람들 속에 속해 있는지도 모릅니다.

그런 어둠 속에 살고 있는 이들에게 이제 "큰 빛"이신 예수님께서 장엄하게 기쁜 소식을 선포하십니다.

"회개하여라. 하늘 나라가 가까이 왔다"(마태 4,17).

참고로 이와 병행을 이루는 마르코 복음에서는 "때가 차서 하느님의 나라가 가까이 왔다. 회개하고 복음을 믿어라."(마르 1,15)라고 선포하고 있습니다.

예수님의 이 말씀은 당신이 그들에게 오심으로써 더 이상 그들이 어둠 속에서 방황하지 않고 하늘 나라의 기쁨 속으로, 구원으로 초대되었음을 의미합니다. 즉 영원한 행복에 이르는 길이 예수님께서 오심으로써 열리게 된 것입니다.

그리고 그 나라에 들어가기 위해서는 진정으로 지난날을 회개하고 복음 자체이신 예수님을 믿고 그분을 따라야 하는 것입니다.

예수님께서는 어둠 속에 갇혀 있는 혹은 갇혀 있었던 우리를 위해, 나를 위해 이 세상에 오셨습니다. 빛 자체이신 그분께서 어둠 속에서 방황하는 당신의 자녀들을 가만히 보고 계실 수는 없었습니다. 그 어둠 속에서 빛으로 우리를 이끄십니다.

그 빛 속에서의 삶은 당신과 함께 사는 삶이고, 그 삶은 '희망'과 '위로', '평화'와 '사랑'의 삶입니다. 그와 같은 삶 속에서 예수님께서는 당신의 고통 받는 자녀들이 당신의 힘을 얻고 기쁘게 살기를 바라십니다.

예수님의 삶은 온전히 우리를 위한 삶이었습니다. 우리가 아무리 그분이 들어오시는 문을 꼭꼭 닫아 놓는다고 해도 그분께서는 문을 두드리는 데에 쉼이 없으십니다. 이제 우리는 그분께서 초대하시는 빛을 굳게 믿고 그분께 우리의 문을 열어 드려야 하겠습니다.

조금만 용기를 내십시오. 주님께 내맡기는 삶은 주님께서 책임지십니다.

🌿 함께 기도하시겠습니다.

 빛으로 다가오시는 주님, 저희에게 기쁨과 희망으로 다가오심에 감사드립니다.
 주님, 그동안 저희는 저희 자신만 생각했습니다.
 주님, 이제는 주님을 믿고 문을 열고 싶습니다.
 주님, 이제는 더 이상 어둠 속에 살지 않고 당신께서 주시는 빛을 보고 싶습니다.
 우리 주 그리스도를 통하여 비나이다. 아멘!

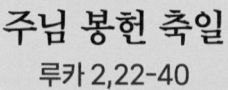

주님 봉헌 축일
루카 2,22-40

제 눈이 당신의 구원을
본 것입니다.

루카 2,30

🌱 오늘 시메온은 아기 예수님을 뵙고 그의 두 팔로 그분을 안는 영광을 얻게 됩니다. 그리고 그는 "주님, 이제야 말씀하신 대로 당신 종을 평화로이 떠나게 해 주셨습니다. 제 눈이 당신의 구원을 본 것입니다."(루카 2,29-30) 하고 하느님을 찬미합니다.

시메온과 같은 영광을 누린다는 것은 아무나 할 수 있는 일이 아닐 것입니다. 무엇인가 특별한 것이 시메온에게 있었습니다.

루카 복음은 시메온을 "의롭고 독실하며 이스라엘이 위로받을 때를 기다리는 이"(루카 2,25)로서 성령의 인도를 받는 사람이었다고 설명합니다. 그래서 오늘 아기 예수님을 만나 뵙고 품에 안는 영광도 성령께서 이끌어 주셨기에 가능한 것이었습니다.

성령께서는 그에게 주님의 그리스도를 뵙기 전에는 죽지 않을 것을 알려 주셨습니다. 그는 마침내 죽기 전에 주 그리스도를, 구원자를 직접 눈으로 뵙게 되었습니다. 시메온은 아기 예수님을 뵙고 안으며 '그의 눈이 하느님께서 주시는 구원을 본 것'이라 확신합니다. 아기 예수님을 주님께서 보내 주신 구원자(그리스도)이심을 확실히 믿었던 것입니다.

우리는 이처럼 주님께 의탁하며 끊임없이 주님께 간청하는 이의 바람과 그의 기도를 잊지 않으시는 하느님의 은총에 주목해야 할 것입니다. 그에게는 성령이 늘 함께 계시고, 그가 주님 안에서 청하는 모든 것을 주님께서 귀담아들으시고 반드시 들어주신다는 것을 우리는 확신할 수 있습니다.

이 점에서 우리는 '응답이 올 때까지 매달리는' 인내와 간절함을 다시금 상기시킬 필요가 있습니다. 우리는 시메온이 주 하느님께 의탁하고 간절히 바라고 기도하며 기다리는 모습을 본받아야 하겠습니다. 하느님께서 반드시 이루어 주시리라는 희망을 품고 기도해야 하겠습니다.

여기 기도에 관한 저술가로 유명한 E.M. 바운즈의 말은 시메온과 같이 희망을 품고 기도하며 사는 법을 오늘날 우리에게 알려 주는 듯합니다.

"끈질기게 기도하십시오. 지옥이 엄청난 타격을 받기까지 기도하며, 두꺼운 철문이 열리기까지 기도하며, 산 같은 방해물이 사라지기까지 기도하며, 안개가 사라지고 구름이 걷히며 햇살이 비칠 때까지 진정으로 기도하기는 참으로 어렵습니다. […] 아무 음성도 들리지 않는데 끈질기게 기도하며 기다리기란 쉽지 않습니다. 그러나 하느님이 응답하실 때까지 기다려야 합니다. 기도 응답의 기쁨은 산통을 견딘 어머니의 기쁨이며, 사슬을 벗고 새로운 삶과 자유를 얻은 노예의 기쁨입니다."[3]

시메온은 오늘 분명히 주님의 구원을 보았고 그것을 믿었습니다. 주님께 의탁하는 사람, 주님께 희망을 두고 받아들이는 사람은 주님께서 주시는 구원의 빛을 보게 됩니다. 우리에게도 그 빛이 늘 함께하길 소망합니다.

🌿 함께 기도하시겠습니다.

 언제나 우리에게 다가오시는 주님, 감사드립니다.
 주님, 당신은 저희에게 언제나 희망입니다.
 주님, 저희도 시메온과 같이 당신을 뵙고 품에 안을 수 있는 은총을 내려 주소서.
 주님, 주님께서 주시는 희망의 빛을, 구원의 빛을 언제나 품고 살게 하소서.
 우리 주 그리스도를 통하여 비나이다. 아멘!

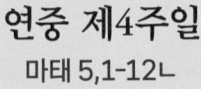

연중 제4주일
마태 5,1-12ㄴ

행복하여라,
마음이 가난한 사람들!
하늘 나라가 그들의 것이다.

마태 5,3

🌱 "신앙을 가진 사람들이 그렇지 못한 사람들에 비해 행복할까?"라는 질문에 오랜 시간 관심을 두고 연구한 의사가 있습니다. 그는 신심 깊은 개신교인으로 오랜 시간 '정신분석'에 대한 연구를 진행한 의사입니다.

그는 한 잡지와의 인터뷰에서 신앙 활동이 삶의 행복에 어떤 영향을 끼치는지에 대한 질문을 받게 됩니다. 그는 이 질문에 다음과 같이 대답합니다.

"신앙을 가진 사람들은 행복합니다. 연구에 의하면, 신앙이 있는 사람들은 신앙이 없는 사람들보다 병에 잘 걸리지 않을 뿐만 아니라, 혹 병에 걸려도 치료가 더 잘된다고 합니다. 의사들의 96%가 신앙이 병 치료에 도움이 된다는 것을 인정했습니다. 신앙을 가진 사람은 마음이 비교적 안정돼 있기 때문입니다. […]

정신의학에서 인간의 가장 원초적인 불안을 '죽음에 대한 불안'이라고 합니다. […] 의사는 죽어 가는 환자를 많이 봅니다. 어떤 환자는 두려워하며 죽지 않으려고 발악을 합니다. […]

신앙을 가진 환자들은 오히려 회진 온 의사를 위로합니다. 편하고 밝은 마음으로 주변을 정리하고 떠납니다."[4]

이 교수는 신심 깊은 신앙인이었지만, 자신이 체험하고 연구한 결과를 통해 조금 더 확실히 신앙인이 갖는 행복에 대해 확신할 수 있었습니다.

그가 인터뷰에서 언급한 신앙인과 신앙을 갖지 않은 사람과의 큰 차이점이라 할 수 있는 부분은, 인간이 갖는 근원적인 불안감 속에서 절대적으로 의지할 대상이 있다는 점과 인간이 경험하지 못한 죽음 너머에 대해 새로운 인식을 갖고 있다는 점입니다.

이것을 우리가 믿고 있는 신앙의 언어로 표현한다면, 우리는 어떠한 삶의 역경과 고난 속에서도 하느님께서 계시니 위로와 힘을 받아 이 고통을 이겨 낼 수 있다는 것입니다.

우리는 죽음이 마지막이 아님을 알고 있고 주님께서 당신을 주님으로 굳게 믿으며, 그분 뜻에 맞게 충실히 살아간 우리를 당신 나라에서 너그러이 받아주실 것임을 우리는 믿고 있습니다.

예수님께서는 오늘 '참행복'에 대해 말씀하셨습니다. 참행복을 누릴 사람에게 주님께서는 신앙 안에서 '가난, 슬픔, 온유, 의로움, 자비, 깨끗함, 평화, 박해'의 의미를 새롭게 하십니다.

우리는 삶에서 우리를 항상 뒤흔드는 고통의 문제와 힘겹게 사투를 벌이고 있습니다. 그래도 우리에게는 우리를 위로하시며 우리와 함께 그 고통과 싸우시는 하느님이 계십니다. 그래서 우리는 슬픔과 고통 중에도 좌절하거나 포기하지 않습니다.

　우리는 누구도 줄 수 없는 사랑을 주님으로부터 받고 있습니다. 그런 사랑은 우리를 절망이라는 감옥에 가두어 두지 못합니다. 고통 속에서도 주님께서 주시는 사랑으로 행복을 느끼며, 주님 나라로 힘차게 나아갈 수 있습니다.

🌿 함께 기도하시겠습니다.

 평화의 주님, 세상이 주는 고통과 혼란 속에서도 저희에게 온유한 마음을 주심에 감사드립니다.
 주님, 저희는 갖가지 고통으로 힘겨운 삶을 살아갈 때가 많이 있습니다.
 주님, 그런 저희의 고통을 아시고 당신은 저희보다 먼저 저희 가슴 속에서 울고 계셨습니다.
 주님, 고통 속에서 느낀 당신의 사랑은 한 줄기 희망으로, 기쁨으로 저희에게 다가옵니다.
 주님, 그 희망과 기쁨이 더욱 자라나도록 저희를 꼭 지켜 주소서.
 우리 주 예수 그리스도를 통하여 비나이다. 아멘!

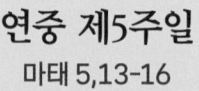

연중 제5주일
마태 5,13-16

너희는 세상의 빛이다.

마태 5,14

어느 날 데레사 수녀님이 한 노인의 집을 방문했습니다. 그 집은 집이라기보다 움막에 가까운 곳이었습니다. 그런 헛간 같은 방에서 살고 있던 노인은 조금씩 죽어 가고 있었습니다. 노인의 안타까운 상황을 본 데레사 수녀님은 그 방을 치워 드렸습니다.

그러던 중 구석에 놓인 조그만 등을 발견하고 "이 등은 뭐죠?" 하고 노인에게 묻습니다. 노인은 수녀님께 "손님이 오면 켜는 등이라오." 하고 대답합니다. 수녀님은 그 등이 너무나 많은 먼지에 뒤덮여 있어서 "별로 켤 일이 없는 모양이죠?" 하고 노인에게 묻습니다. 노인은 몇 년 동안 한 번도 그 등을 켜지 않았다고 말합니다.

수녀님은 그 노인에게 자신이 자주 오겠다고 자기를 위해 등을 켜 달라고 말했습니다. 노인은 기뻐하며 그렇게 하겠다고 대답했습니다. 이후 데레사 수녀님은 그 노인의 집에 가서 봉사활동을 했습니다. 그래서 그 방에는 거의 매일 등불이 켜져 있었고 노인은 더 이상 쓸쓸하지 않았습니다.

그로부터 2년 후 노인은 편안히 눈을 감으면서 곁에 봉사활동 온 어떤 수녀에게 이렇게 말했다고 합니다.

"데레사 수녀님께 말씀드려 주세요. 데레사 수녀님

은 제 인생에 등불을 켜 준 사람입니다!"⁵

등에 관해서 묻는 데레사 수녀님에게 노인이 한 말이 마음에 머뭅니다. "몇 년 동안 한 번도 켜지 않았소." 저는 노인의 말에서 "그러면 누가 저의 이웃입니까?"(루카 10,29)라고 물었던 어느 율법 교사에게 착한 사마리아인의 비유(루카 10,29-37 참조)를 통해 예수님께서 하신 말씀이 떠올랐습니다.

"너는 이 세 사람 가운데에서 누가 강도를 만난 사람에게 이웃이 되어 주었다고 생각하느냐?"(루카 10,36)

예수님의 질문 중에 '강도를 만난 사람에게 이웃이 되어 주는 것', 곧 그 사람에게 자비를 베푼 것이 이웃 사랑의 진정한 모습입니다. 하지만 앞선 노인에게 이런 이웃 사랑을 받았던 체험은 데레사 수녀님을 만나기 전까지 너무 먼 기억으로만 남아 있었던 것입니다.

한편, 데레사 수녀님은 아무도 돌봐 주지 않는 그 노인을 자주 방문하고 그에게 온전한 사랑을 나누었습니다. 그것이 그 노인에게 '인생에 등불을 켜 준 사람'의 모습으로 강인하게 남았던 것입니다. 아마도 그 노인은 눈을 감기 전에 데레사 수녀님을 통해 주님의 따뜻한 사랑을 체험했을 것이라 느껴집니다.

세상의 빛과 소금이 된다는 것은 매우 부담스럽고,

거창한 일만은 아닐 것입니다. 그것은 우리가 받은 주님 사랑과 이웃 사랑을 우리도 다른 이웃에게 전하는 작은 움직임에서 시작됩니다. 또한 그것은 우리가 사랑받고 있음에 감사함과 사랑을 전하는 것의 기쁨으로부터 시작할 것이고, 우리도 훗날 우리 이웃의 '인생에 등불을 켜 준 또 다른 한 사람'이 될 것입니다.

🌿 함께 기도하시겠습니다.

 빛으로 오시는 주님, 저희에게 당신 은총과 사랑을 베풀어 주심에 감사드립니다.
 주님, 어둠 속에 살면서 감히 주님께 다가가지 못하더라도 주님은 언제나 저희에게 먼저 빛으로 다가오셨습니다.
 주님, 주님 말씀 안에서 빛으로 나아가는 삶이 얼마나 기쁘고 행복한 삶인지 깨닫게 해 주셔서 감사드립니다.
 주님, 이제는 저희가 받은 당신의 사랑을 저희 이웃에게도 전하는 작은 등불이 되게 하소서.
 그리하여 저희 이웃과 당신 사랑을 나누며, 은총의 삶 속에서 살아가게 하소서.
 우리 주 예수 그리스도를 통하여 비나이다. 아멘!

연중 제6주일
마태 5,17-37

너희의 의로움이
율법 학자들과 바리사이들의
의로움을 능가하지 않으면,
결코 하늘 나라에
들어가지 못할 것이다.

마태 5,20

🌱　오늘 복음 말씀을 묵상하면서 예수님께서 율법 학자들과 바리사이들에게 하신 말씀이 떠올랐습니다.

"너희 위선자 율법 학자들과 바리사이들아! 너희가 사람들 앞에서 하늘 나라의 문을 잠가 버리기 때문이다. 그러고는 자기들도 들어가지 않을 뿐만 아니라, 들어가려는 이들마저 들어가게 놓아두지 않는다"(마태 23,13).

예수님께서는 그들을 향해 '위선자'라고 하시며 그들의 모습을 질타하십니다.

예수님께서는 율법 학자들과 바리사이들의 위선을 신랄하게 비판하시면서, 그들이 회개하여 하느님의 의로움을 찾고 그것을 실천으로 옮기지 않으면 구원의 길에서 멀어질 것을 말씀하십니다.

따라서 우리가 가야 할 길은 하느님께서 원하시는 의로움, 곧 율법과 예언서의 정신인 '사랑'을 실천하는 길입니다.

여기 우리가 존경하고 사랑하는 김수환 추기경님의 고백이 있습니다. 이는 추기경님께서 1979년 피정에 늘어가셔서 하셨던 말씀입니다.

이 고백은 영적 갈망을 느끼셨던 추기경님께서 사도 바오로가 그리스도교인들을 박해하기 위해 다마스쿠스로 가는 길에 예수님을 만난 장면을 묵상할 때의 고백입니다.

"스테파노야, 스테파노야. 내 피로써 너를 씻겨 주었는데 너는 오히려 죄로 더럽혔다. 내 마음을 상하게 한 것이 사울의 박해보다 못할 줄 아느냐? 사울은 나를 모르고 박해했다. 그런데 그에게는 진실이 있었다. 너는 진실보다는 거짓과 위선이 더 많지 않으냐?"

이에 추기경님은 크게 뉘우치고 다음과 같이 기도했다고 합니다.

"주여, 이것저것 생각하지 않겠습니다. 주님께 대한 저의 사랑도 재지 않겠습니다. 그저 주님만 바라보고 주님과 함께 걸어가겠습니다. 저를 받아 주소서. 모든 것이 당신 것이오니 있는 그대로 당신께 맡깁니다…"[6]

추기경님의 고백에서 볼 수 있듯이, 주님께서는 추기경님의 인간적인 한계를 잘 아셨습니다. 그러나 추기경님이 주님께 더욱더 당신의 사람으로 거듭나게끔 쇄신의 시간을 주었던 것입니다.

추기경님께서는 당신께서 갖고 계신 한계를 인정하시면서도 진정으로 주님의 사람이 되길 원하셨습니다. 특히, 그분의 고백을 묵상하다 보면 오히려 자신의 약함 속에서 주님께서 역사하길 원하신다는 것을 강하게 느낄 수 있습니다.

우리가 위선이라는 허울을 벗어던지고 주님께 모든 것을 맡길 때, 진정으로 우리 안에서 주님의 힘이, 주님의 역사하심이 드러난다는 것을 깨닫게 됩니다. 그럴 때 참으로 우리는 주님 안에서 의롭게 변화될 수 있습니다.

🌿 함께 기도하시겠습니다.

주님, 당신께서는 우리의 위선을 잘 아십니다.
주님, 저희가 얼마나 당신을 멀리했는지도 잘 아십니다.
주님, 이제는 저희의 위선적인 껍질을 벗어 버리고 싶습니다.
주님, 용기가 부족한 저희에게 주님께서 용기를 허락하시고 주님께서 주시는 사랑을 실천하여 참자유를 누리게 하소서.
우리 주 그리스도를 통하여 비나이다. 아멘!

연중 제7주일
마태 5,38-48

하늘의 너희 아버지께서
완전하신 것처럼
너희도 완전한 사람이
되어야 한다.

마태 5,48

🌱 예수님의 이 말씀은 산상수훈, 곧 산 위에서 내려진 가르침의 절정에 해당합니다. 행복 선언과 율법의 새로운 해석과 함께 예수님께서 이제 '완전'이라는 경지까지 요구하십니다. 그러면 과연 예수님께서 말씀하신 이 '완전'의 의미는 어떤 것이고 어떻게 도달할 수 있을까요?

우선, 이것을 위한 근거는 구약의 레위기에서 발견됩니다.

"주 너희 하느님이 거룩하니 너희도 거룩한 사람이 되어야 한다"(레위 19,2).

다른 하나는 루카 복음에서 발견됩니다.

"너희 아버지께서 자비하신 것처럼 너희도 자비로운 사람이 되어라"(루카 6,36).

오늘 복음 말씀과 이 두 말씀을 겹쳐 놓고 보면 동일한 문장 구조로 되어 있는데, 이 구조를 통해 '완전'이라는 단어가 '거룩함'과 '자비'와 병행구를 이루는 것을 보게 됩니다.

하느님 아버지께서는 우리를 선으로 창조하셨습니다. 그리고 한순간도 우리를 잊지 않으시고, 다정하고 따뜻하게 돌보시며 한없는 사랑을 베푸셨습니다. 특히 우리가 주님을 잊고 방황하며, 어두운 길에 들어섰을 때도 우리를 절대로 포기하지 않으셨습니다. 그러한 우리에게도 언제나 당신의 선함과 인자함을 보여 주시고 느끼게 해 주셨습니다.

그래서 예수님께서는 우리에게 지고 갈 수 없는 무거운 짐을 주신 것이 아니라 먼저 한없이 자비로우신 주님의 마음을 우리 마음에 간직하고, 그분의 뜻을 닮으려 노력하라는 것을 요구하신 겁니다.

한편, "너희는 원수를 사랑하여라."(마태 5,44)라는 말씀은 단순히 '원수를 좋아해라.'라는 말씀으로 해석하긴 어려울 것입니다. 오히려 이 말씀은 하느님을 우리 안에 모시고 살면서 우리가 마음에 품고 있는 증오와 미움, 복수심 때문에 선이 아닌 악을 선택하고 행하는 일이 없도록 경고하신 말씀입니다. 그래서 이 엄청난 도전적인 말씀이 이루어지기 위해서는 주님께 "끊임없이 기도해야"(루카 18,1) 합니다.

주님을 향한 진실한 기도는 주님을 감동하게 합니다. 그런 기도를 통해 우리는 주님과 하나가 될 수 있고, 우리 안에 주님께서 살고 계심을 깊이 체험할 수 있습니다. 주님께 진실하고 끊임없는 기도를 봉헌하고 주님께서 우리와 함께하심을 느낄 때, 비로소 우리는 진정한 용서와 화해의 기적을 체험하게 될 것입니다. 그것은 주님께서 주시는 은총입니다.

우리는 이러한 주님의 은총으로 하여금 자비로운

사람이 될 수 있고, 거룩해지며 완전함으로 나아갈 수 있습니다. 그리고 그것을 실행하는 가장 중요한 것은 예수님께서 그토록 가르쳐 주시고 강조하신 사랑밖엔 다른 것은 없습니다.

🌿 함께 기도하시겠습니다.

 사랑의 주님, 언제나 저희를 사랑하시고 당신의 자비를 한없이 베풀어 주심에 감사드립니다.
 하지만 주님, 저희 혼자서는 도저히 저희가 미워하는 사람을 용서하지도 못하고 사랑할 수도 없습니다.
 주님, 그저 당신의 선하심으로 저희 안을 가득 채워 부족한 저희를 이끌어 주소서.
 그리하여 저희가 미워하는 이웃을 받아들이고 진정으로 용서할 수 있는 은총을 허락하소서.
 우리 주 예수 그리스도를 통하여 비나이다. 아멘!

사순 제1주일
마태 4,1-11

사람은 빵만으로 살지 않고
하느님의 입에서 나오는
모든 말씀으로 산다.

마태 4,4

🌱 예수님께서 사십 일을 밤낮으로 단식하신 다음 시장하실 때, 악마는 그분께 살며시 다가가 유혹합니다. 예수님께서 매우 시장하셨을 것을 알고 있는 악마는 그분께 '돌들에게 빵이 되라고 해 보라.'는 물음을 던집니다(마태 4,3 참조).

그러나 예수님께서는 사람은 빵만으로 살지 않는다고 말씀하시며, 그보다 더 중요한 "하느님의 입에서 나오는 모든 말씀"(마태 4,4)으로 산다는 것을 강조하십니다.

예수님께서는 광야로 당신을 보내신 성부의 뜻에 순종하며, 당신 자신을 온전히 그분께 맡기셨습니다. 삶과 죽음을 주관하시는 성부의 뜻에 모든 것을 맡기며, 광야에서의 삶도 그분께서 온전히 이끌어 주시리라는 굳은 믿음을 예수님께서는 갖고 계신 것입니다.

그러한 하느님께 대한 굳은 신뢰 관계와 하느님 뜻에 온전히 집중하고 따르는 예수님의 믿음을 악마는 유혹하여 흔들고 깨뜨리려 했던 것입니다.

그러나 우리는 예수님과 같이 하느님 말씀에 굳은 믿음을 두지 못하고, 불만을 느끼고 투정했던 광야에서의 이스라엘 백성의 모습도 기억해야 합니다(탈출 16-17장 참조).

그들은 주님의 권능으로 노예살이했던 이집트 땅에

서 탈출하여 약속의 땅으로 향했지만 사십 년을 광야에서 보내야 했습니다. 그때 이스라엘 백성은 그곳에서 하느님 말씀에 굳은 신뢰를 두기보다 배고픔과 목마름으로 주님께 불평합니다.

하지만 자비로우신 하느님께서는 그들의 목소리를 들으시고, 그들의 목마름과 배고픔을 채워 주십니다.

오늘 복음 말씀을 통해 예수님께서 강조하신 하느님 말씀에 굳은 신뢰를 두고 따르는 삶은 우리 신앙인에게 있어 매우 중요합니다. 그러나 우리의 현실은 오히려 그 중요한 예수님의 말씀을 알고 있으면서도, 실제로는 불평과 불만을 털어놓은 이스라엘 백성이 걸어온 삶의 모습과 비슷하지 않을까 묵상됩니다.

주님께서는 이에 대해 분명히 말씀하십니다.

"이 사십 년 동안 너희 몸에 걸친 옷이 해진 적이 없고, 너희 발이 부르튼 적이 없다"(신명 8,4).

맞습니다! 우리가 큰 시련으로 고통을 받고 유혹에 흔들려 쉽게 넘어져도, 주님께서는 결코 이 여정에서 우리를 포기하지 않으시고 오히려 우리가 이 길을 끝까지 완주할 수 있도록 한없는 자비를 베푸십니다.

주님께서 우리에게 원하시는 것은 이 여정에서 당신에게만 온전한 믿음을 두는 것입니다. 그런 굳은 믿음에서 우리는 하느님 말씀에는 힘이 있고, 구원이 있다는 사실을 깨닫게 될 것입니다.

또한 주님께서는 그렇게 당신을 따르는 자녀들에게 "주님께서 너희 조상들에게 맹세하며 약속하신 땅에 들어가 그 땅을 차지할 것이다."(신명 8,1) 하고 말씀하실 것입니다.

🌿 함께 기도하시겠습니다.

생명의 주님, 당신의 말씀으로 저희를 구원해 주심에 감사드립니다.

하지만 주님, 믿음이 부족하여 당신 말씀보다는 세상의 유혹에 귀를 기울이고 방황할 때가 많았습니다.

주님, 그런 방황의 끝에 세상이 주는 것으로 저희의 깊은 바람을 채울 수 있는 것은 없었습니다.

주님, 오로지 당신 말씀만이 저희가 원하는 것이요, 당신 말씀을 통해 영원한 생명을 얻을 수 있음을 깨닫게 됩니다.

주님, 이제는 주님 말씀 안에 온전히 머물며 당신께서 주시는 말씀의 힘으로 살아가게 하소서.

우리 주 예수 그리스도를 통하여 비나이다. 아멘!

사순 제2주일
마태 17,1-9

이는 내가 사랑하는 아들,
내 마음에 드는 아들이니
너희는 그의 말을 들어라.

마태 17,5

예수님께서 영광스럽게 변모하실 때 그분의 제자들 곧, 베드로와 야고보와 그의 동생 요한 앞에 '모세'와 '엘리야'가 나타납니다.

'율법과 예언'(마태 5,17; 22,40 참조)의 상징이라 할 수 있고 구약을 대표하는 인물들이 영광스럽게 변모하신 예수님 곁에 나타났다는 것은 예수님께서 메시아, 곧 그리스도라는 사실을 분명히 보여 주는 것이라 할 수 있습니다.

한편 동료들과 잠에 빠졌다가 깨어나(루카 9,32 참조) 이런 장면을 목격한 베드로 사도는 어리둥절해하며, 예수님과 모세 그리고 엘리야에게 초막 셋을 지어 드리겠다고 말합니다(마태 17,4 참조).

그런데 베드로가 무슨 말을 해야 할지 몰랐고 제자들 모두가 겁에 질려 있었던 이 상황(루카 9,33; 마르 9,6 참조)을 가만히 묵상하다 보면, 베드로는 눈앞에 펼쳐진 장면을 보면서 어떠한 상황인지는 정확히 알 수 없었지만, 이런 복된 상황이 영원히 유지되면 좋았겠고 본인도 그곳에 머무르고 싶었던 것으로 묵상됩니다.

그러나 아쉽게도 베드로의 이런 바람은 하느님의 뜻과는 다른 방향이었던 것입니다. 그의 말이 끝나기도 전에, 바로 하느님께서는 당신의 음성을 통해 예수님이 누구신지와 제자들이 앞으로 무엇을 해야 하는지를 일깨워 주십니다.

"이는 내가 사랑하는 아들, 내 마음에 드는 아들이니 너희는 그의 말을 들어라"(마태 17,5).

베드로는 이렇게 그날의 일을 기억하며 예수님께서 진정한 하느님의 아드님이시고, 메시아이심을 분명히 밝히고 있습니다. 그러면서 예수님을 따르는 신자들에게도 구원의 날을 희망하며 그날을 충실히 준비하기 위해서는 주님의 말씀을 굳게 믿고, 그분의 뜻을 실천해야 함을 강조하고 있습니다.

바로 그럴 때, 주님께서 말씀으로 주시는 은총에 힘입어 그분을 주님으로 모시는 모든 이들의 마음속이 환해지고 그 속에 샛별이 떠오르게 될 것입니다(2베드 1,17-19 참조).

사실 베드로가 전하는 증언은 주님께서 영광스럽게 변모하신 날, 그가 하늘에서 들은 음성과 같은 내용이었습니다.

"너희는 그의 말을 들어라"(마태 17,5).

이 말씀에는 이런 의미가 담겨 있습니다.

'예수님께서는 하느님께서 우리에게 보내 주신 그리스도이십니다. 그분은 우리를 구원하시기 위해서 고난을 받고 돌아가신 다음 반드시 부활하실 것입니다. 제자들이 본 예수님의 변모된 모습은, 부활의 영광을 미리 보여 주기 위한 모습입니다.

하지만 이러한 영광을 위해서 사람의 아들은 반드시 십자가의 길을 걸어가야 합니다. 그리고 예수님을 믿고 부활과 영원한 생명을 얻기 위해서는 주님의 말씀을 굳게 믿으며, 우리도 자신의 십자가의 길을 충실히 걸어가야 합니다.'

🌿 함께 기도하시겠습니다.

 지혜의 주님, 부족한 저희를 당신의 길로 이끌어 주심에 감사드립니다.
 주님, 저희는 저희에게 편한 것과 익숙한 것에 길들어, 당신께서 저희를 위해 지고 가신 십자가의 고통과 그 의미를 때로는 망각할 때가 많이 있었습니다.
 주님, 혼돈에 빠져 있었던 제자들에게 구름 속에서 들려주신 당신의 음성을 저희 마음에도 울리게 하소서.
 그리하여 진정 예수님께서 우리의 그리스도이심을 굳게 고백하고 그분께서 지신 십자가의 의미를 되새겨, 저희도 저희의 십자가를 충실히 지고 당신을 따르게 하소서.
 우리 주 예수 그리스도를 통하여 비나이다. 아멘!

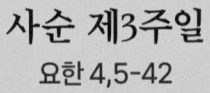

사순 제3주일
요한 4,5-42

너와 말하고 있는
내가 바로 그 사람이다.

요한 4,26

🌿 예수님과 사마리아 여인과의 대화 속에서 그녀가 가졌던 목마름은 단순히 육신의 목마름만이 아닌 것으로 묵상됩니다. 그밖에도 그녀가 느꼈던 두 가지의 목마름이 있었는데, 하나는 '정서적 목마름'이었고, 다른 하나는 '영혼의 목마름'이었습니다.

육신의 목마름으로 인하여 진짜로 목이 말라 물을 뜨러 온 사마리아 여인은 사실, 다섯 번의 결혼과 버림의 경력이 있었던 사람입니다. 이 부분에 대해서 그녀가 성적 죄악에 빠진 사람으로 해석하기도 합니다.

또 다른 주석 학자의 해석을 살펴보면, 이 여인은 당시 남편 측으로부터 이혼당하기가 쉬웠던 상황 속에서 그녀가 살아남기 위한 몸부림, 곧 재혼이라는 것을 할 수밖에 없었을 것이라 해석하기도 합니다. 왜냐하면 그 당시는 여인에게 일자리를 쉽게 제공하는 사회가 아니었고, 그렇게라도 하지 않으면 당장 굶어 죽을 수도 있었기 때문입니다.

그래서 사마리아 여인은 자신의 과거로 다른 사람들로부터 다가오는 시선 때문에 '정서적 목마름'을 느꼈을 것이라 묵상됩니다.

한편, 사마리아 여인이 느꼈을 가장 중요한 세 번째 목마름은 '영혼의 목마름'이었습니다. 사실 그녀는 유다 민족은 아니었지만, 하느님으로부터 구원받고 싶은 열망을 가진 사람이었습니다. 그녀는 조상들로부터 전해 내려오는 성서적 지식과 믿음을 통해 그리스도라고 하는 메시아가 오리라는 것도 분명히 알고 있었습니다.

예수님께서는 진정으로 구원받길 원하고 있고, 그래서 메시아를 기다려 온 사마리아 여인에게 당신 자신의 '신원'을 드러내십니다. 이를 통해 예수님께서는 당신을 메시아로, 그리스도로 믿는 이들이 비록 이방인일지라도 구원을 얻게 되는 때가 도래했음을 알려 주십니다.

이후 그녀의 마을 사람들에게도 구원 소식이 전해지고 예수님을 직접 만나 뵙게 된 그들도 주님을 "참으로 세상의 구원자"(요한 4,42)로 믿게 됩니다.

예수님께서는 당신과 문화적, 종교적, 정치적으로 가장 멀리 떨어져 있었던 이들에게 먼저 다가가십니다. 또한 그들 가운데에서도 사람들에게 가장 버림을 받아 삶의 의미를 잃어 가는 이에게 당신의 손을 내미십니다.

그것은 주님께서는 구원이 필요한 이에게 진정한 위로가 되어 주시며, 그들이 가진 내면 깊숙한 목마름을 채우기 위해 이 세상에 오셨기 때문입니다.

주님께서는 우리의 깊은 목마름도 아시고 우리 안

에 함께하십니다. 우리가 현실의 고통과 구원을 향한 목마름으로 몸부림을 칠 때, 주님께서는 우리에게 힘과 위로가 되어 주십니다. 주님께서는 사마리아 여인에게 그렇게 하셨던 것처럼 우리 안에서 언제나 우리의 어려움과 고통을 알아주시고 당신 치유의 손길을 건네십니다.

우리는 이제 우리의 목마름을 채워 주시는 주님 안에서 '생명의 물'을 얻을 수 있고, 그 물을 주시는 분이 우리의 그리스도이심을 확실히 고백할 수 있습니다.

🌿 함께 기도하시겠습니다.

 생명의 주님, 저희에게 당신의 지혜와 은총을 한없이 내려 주심에 감사드립니다.
 주님, 세상살이에 지쳐 삶의 목마름과 영혼의 목마름을 느낄 때 당신은 저희에게 진정한 위로로, 희망으로 다가오셨습니다.
 주님, 누가 우리를 알아주지 않더라도 당신은 저희의 벗이 되어 주셨으며, 저희 영혼의 인도자가 되어 주셨습니다.
 주님, 당신께서 주시는 '생명의 물'을 언제나 저희에게 주십시오. 당신께서 주시는 은총으로 저희는 구원을 얻으리라 믿습니다.
 우리 주 예수 그리스도를 통하여 비나이다. 아멘!

사순 제4주일
요한 9,1-41

너는 사람의 아들을 믿느냐?

요한 9,35

🌱 예수님께서는 길을 가시다가 태어나면서부터 눈먼 사람을 치유해 주십니다. 오늘 복음의 핵심은 이런 눈먼 사람의 치유 사건 후 그가 예수님과 잠시 떨어져 있으면서 겪은 일들과 예수님과의 재회를 통해 그가 믿음을 갖게 되는 과정이라 할 수 있습니다. 이 과정은 한순간에 이루어지는 것이 아니라 총 세 번에 걸쳐서 이루어지고 있습니다.

처음에 예수님께 치유 받아 눈을 뜨게 된 이 사람에게 예수님은 그저 '누군가'("예수님이라는 분")였습니다.

다음으로 그는 사람들에 의해 바리사이들 앞에서 자신에게 일어난 일에 관해 설명하게 되면서 예수님에 대해 "예언자"(요한 9,17)라는 표현을 사용합니다.

그런데 예수님께서는 바리사이들에게 당신의 치유에 대해 긍정적으로 말하면서 "하느님에게서 오지 않으셨으면 아무것도 하실 수 없었을 것입니다."(요한 9,33)라고 말하였다는 이유로 내쫓겨 난 그를 찾아가 만나십니다.

그리고 예수님께서는 그에게 "너는 사람의 아들을 믿느냐?"(요한 9,35) 하고 물으십니다. 이에 그는 '선생님, 그분이 누구인지, 또 그분을 믿을 수 있도록 말씀해 달라'는 말을 예수님께 청합니다. 그는 예수님에 대한 불확실한 믿음의 상태를 가졌었지만, 주님의 도움으로 그 믿음이 더욱 확실해질 것을 희망했으리라 묵상됩니다.

예수님께서는 그러한 그에게 "너는 이미 그를 보았다. 너와 말하는 사람이 바로 그다."(요한 9,37)라고 말씀하시며, 그의 궁금증을 전면 해소해 주시고, 그가 믿어야 할 대상에 대한 확실성의 정점을 찍으십니다. 그는 이제 "주님, 저는 믿습니다."(요한 9,38)라고 말하며 예수님께 경배합니다.

예수님께 대한 그의 호칭은 이제 "선생님"에서 "주님"으로 바뀌었고, 자기를 치유해 주신 분이 구약에서 약속된 메시아라는 사실을 그는 굳게 믿게 된 것입니다.

우리는 눈을 뜨게 된 그가 예수님께 대한 신앙 고백을 하게 된 과정을 보면서 우리의 영적인 과정도 그렇게 성장했었음을 기억하게 되고, 앞으로도 더욱더 성장하리라 희망합니다.

일상적인 삶을 살 때 우리 중심적으로 살고 모든 것이 우리의 판단에 의해 움직였다고 한다면, 주님을 우리 중심에 모시고 살 때 우리 안에 사시면서 우리를 이끌어 주시는 분이 바로 주님이시라는 것을 체험하게 됩니다.

우리는 주님의 성령으로 주님을 생생히 느낄 수 있고, 그분께서 주시는 은총에 힘입어 삶의 어려움을 이겨 나갈 수 있으며 그분의 위로와 힘을 얻을 수 있습니다. 결국 이런 체험들이 모이게 될 때, 우리는 우리 삶을 되돌아보며 주님께서 진정으로 '나의 주님이시며, 나의 하느님'이심을 고백하게 됩니다.

🌿 함께 기도하시겠습니다.

 자비의 주님, 항상 힘겨워하는 저희의 마음을 어루만져 주시고 아픈 곳을 치유해 주심에 감사드립니다.
 주님, 주님께서는 언제나 저희에게 먼저 다가와 주셨습니다.
 그러나 주님, 저희는 당신을 느끼기보다 저희 삶을 저희 뜻대로 움직이려 할 때가 많았습니다.
 주님, 이제 저희 중심에 당신을 오로지 저희의 '주님'으로 모시고 싶습니다.
 다른 무엇도 아닌, 오직 주님이 저희 삶을 주관하시고 저희를 영원한 생명으로 이끌어 주시는 주님이심을 고백합니다.
 우리 주 예수 그리스도를 통하여 비나이다. 아멘!

사순 제5주일
요한 11,1-45

나는 부활이요 생명이다.
나를 믿는 사람은 죽더라도 살고,
또 살아서 나를 믿는 모든 사람은
영원히 죽지 않을 것이다.
너는 이것을 믿느냐?

요한 11,25-26

🌱 라자로가 죽고 난 다음 그의 동생인 마르타가 예수님께서 오신다는 말을 듣고 그분을 맞이하는 장면을 보게 됩니다. 그녀는 예수님께서 그녀의 오빠 라자로가 병으로 힘겨워하며 죽어 갔던 이곳에 계셨더라면, 아마 그가 죽지 않았으리라는 안타까운 심정을 그분께 말씀드립니다.

한편, 예수님께서는 마르타가 보낸 사람들의 말을 듣고 의미심장한 말씀을 하십니다. 라자로가 앓고 있던 "그 병은 죽을병이 아니라 오히려 하느님의 영광을 위한 것이다. 그 병으로 말미암아 하느님의 아들이 영광스럽게 될 것이다."(요한 11,4)라고 예수님께서는 말씀하십니다.

그리고 예수님께서 죽은 라자로를 다시 살리시기 전에 하늘을 우러러보시며 이렇게 말씀하십니다.

"아버지, 제 말씀을 들어 주셨으니 아버지께 감사드립니다. 아버지께서 언제나 제 말씀을 들어 주신다는 것을 저는 알고 있습니다. 그러나 이렇게 말씀드린 것은, 여기 둘러선 군중이 아버지께서 저를 보내셨다는 것을 믿게 하려는 것입니다"(요한 11,41-42).

예수님의 이러한 두 표현에서 우리가 묵상할 부분은 죽은 라자로를 다시 살리시는 기적이 바로 하느님의 영광을 위한 것이며, 그 기적을 통해 그것을 본 사람들이 예수님을 하느님께서 보내신 분이라는 사실을 믿게 하려는 것에 있습니다.

결국 예수님께서 죽은 라자로를 살리신 기적 사건은 예수님께서 죽은 이도 살리시는 구원자요, 하느님께서 보내 주신 그리스도이심을 드러낸 중요한 사건이라 할 수 있습니다.

그런데 이런 예수님의 엄청난 기적에 대해 라자로의 동생인 마르타의 굳건한 믿음은 그 기적을 받아들이기 위해서 필요했습니다. 예수님께서는 라자로를 살리시기 위해 마르타에게 당신에 관한 믿음을 분명히 물으십니다.

"나는 부활이요 생명이다. 나를 믿는 사람은 죽더라도 살고, 또 살아서 나를 믿는 모든 사람은 영원히 죽지 않을 것이다. 너는 이것을 믿느냐?"(요한 11,25-26)

이 질문은 부활이요 생명이신 예수님께서 그러한 당신께 굳은 믿음과 희망을 품고 있으면, 지금 죽은 마르타의 오빠인 라자로를 살리실 수 있음을 말씀하시는 것입니다. 또한 그러한 힘을 가진 분이 오직 당신밖에 없음을 주님께서는 마르타에게 묻고 계시는 것입니다.

마르타는 예수님의 이런 질문에 한 치의 망설임 없이 "예, 주님! 저는 주님께서 이 세상에 오시기로 되어 있는 메시아시며 하느님의 아드님이심을 믿습니다."(요한 11,27) 하고 주님께 대한 믿음을 고백합니다.

진정 예수님께서는 당신을 구원자로 굳게 믿고, 또 그렇게 당신을 따르는 이들에게 죽은 자도 다시 일으키시는 놀라운 기적을 행하십니다.

여기에 마르타와 예수님을 따르는 우리가 분명히 가져야 하는 것은 '예수님께서 그것을 꼭 행하실 수 있는 분'이라는 굳은 믿음입니다.

주님께서는 이렇듯 당신께 대한 굳건한 믿음을 우리에게도 요청하시고, 그 믿음 안에서 당신의 놀라운 일들을 우리에게 확실히 보여 주실 것입니다.

🌿 함께 기도하시겠습니다.

 은총의 주님, 언제나 저희에게 당신의 사랑을 보여 주심에 감사드립니다.
 주님, 지나온 삶을 돌이켜 보면 당신께서 저희에게 베풀어 주신 사랑이 끝이 없음을 깨닫게 됩니다.
 주님, 저희는 그 사랑에서 매 순간이 당신께서 저희에게 행하신 기적이라 여겨집니다.
 하지만 주님, 아직은 당신께 대한 큰 믿음을 갖지 못해 방황하고 다른 곳을 기웃거릴 때도 많습니다.
 주님, 불신앙으로 흔들리는 저희의 마음을 꼭 붙잡아 주시어 저희가 오로지 당신을 믿고 당신께만 희망을 품는 자녀가 되게 하소서.
 우리 주 예수 그리스도를 통하여 비나이다. 아멘!

주님 수난 성지 주일
- 주님의 예루살렘 입성 기념 복음
마태 21,1-11

보라,
너의 임금님이 너에게 오신다.
그분은 겸손하시어 암나귀를,
짐바리 짐승의 새끼,
어린 나귀를 타고 오신다

마태 21,5

🌱 예수님께서는 벳파게의 맞은쪽 동네, 곧 베타니아로 여겨지는 동네로 당신 제자 둘을 보내십니다. 그리고 그들에게 그곳에서 보게 될 "매여 있는 암나귀와 그 곁의 어린 나귀"(마태 21,2)를 풀어서 당신께 끌고 오라고 명하십니다. 그것은 예수님께서 말씀하신 것처럼 '주님께서 필요하신 것'(마태 21,3 참조)으로 구약의 예언이 이루어지게 하기 위한 것이었습니다.

이 부분에서 마태오 복음사가는 이사야와 즈카르야 두 예언자의 말씀(이사 62,11; 즈카 9,9 참조)을 한데 엮어 제시함으로써, 예수님께서 예루살렘에 입성하신 사건을 구약의 예언이 성취된 사건으로 설정하고 있습니다.

한편, 즈카르야서 9장 9절을 보게 되면, "보라, 너의 임금님이 너에게 오신다. 그분은 의로우시며 승리하시는 분이시다. 그분은 겸손하시어 나귀를, 어린 나귀를 타고 오신다."라고 다가오는 임금에 대해 묘사합니다.

하지만 이 부분에서 마태오 복음이 전한 예수님의 예루살렘 입성 모습은 '의로움'과 '승리'라는 정의를 실현하는 임금의 모습이 아니라 '겸손'의 모습을 부각하여 드러냅니다.

오늘 복음에서 어린 나귀를 타고 오는 임금의 모습

은 전쟁 수행 능력을 키우기보다는, 사람들이 평화롭게 살아가는 데 주안점을 두고 통치하겠다는 의미로 받아들일 수 있습니다.

이런 맥락에서 오늘 어린 나귀를 타고 예루살렘에 입성하는 예수님께서는 당신이 가진 힘으로 폭력을 행사하며 권력을 드러내는 왕이 아니라, 평화를 사랑하고 겸손을 드러내시는 분으로 묵상됩니다.

하지만 "호산나!"(마태 21,9)를 외치며 예수님의 예루살렘 입성을 환호했던 군중들은 이런 그분의 진정한 마음과 모습을 정확하게 이해하지는 못했습니다.

그것의 근거는 그들이 이처럼 예수님을 향해 환호했던 목소리가 이어서 주님 수난 때, 주님을 "십자가에 못 박으시오!"(마태 27,22) 하고 외치는 소리로 급변한 것에서 찾을 수 있습니다.

그들은 어린 나귀를 타고 입성하시는 예수님을 보며 어떠한 생각을 가지고, 무엇을 기대했을까요?

그들이 이처럼 "호산나!"를 외친 이유는 주님의 이름으로 오시는 분, 곧 예수님께서 정치적으로 억압받고 있는 그들을 해방해 주실 것이라 기대했기 때문입니다. 그러나 그들의 생각과는 달리 예수님께서는 오로지 성부의 뜻에 순종하시며, 구원과 영원한 생명이 있는 하느님 나라를 위해서 예루살렘으로 입성하신 것입니다.

성부의 뜻은 죄인들을 단죄하고 폭력을 사용해, 세상을 정복하는 데 있지 않습니다. 오히려 그 뜻은 더 많은 죄인과 함께하여 그들도 아버지 나라의 시민이 되는 기회를 부여하는 것이고, 교만과 아집에 사로잡혀 있는 이들도 주님을 오로지 한 분이신 하느님으로 겸손되이 받아들여 회개의 길을 걷는 데 있습니다.

이 엄청난 구원 사업을 위해 우리 예수님께서는 스스로 십자가의 길을 가셨으며, 온유하고 겸손함으로 당신의 왕다운 품위를 드러내셨습니다. 그리고 그 이유는 당신을 따르는 우리를 구원하시기 위함이었습니다.

🌱 함께 기도하시겠습니다.

 겸손의 왕이신 주님, 저희를 구원하시기 위해 당신 자신을 낮추시고 십자가에 죽기까지 순종하심에 감사드립니다.
 주님, 저희는 저희 자신을 낮추기보다는 인정받고 더 많이 사랑받길 항상 원했습니다.
 그러나 주님, 당신은 오히려 더 높아지기 위해서는 주님 뜻에 순종하고 겸손되이 그 길을 충실히 따라야 함을 가르쳐 주셨습니다.
 주님, 아직 교만과 회개하지 못하는 마음으로, 당신을 온전히 따르지 못하는 저희에게 힘을 주소서.
 그리하여 진정한 행복과 구원이 당신 뜻에 순종하는 것임을 깨닫게 하소서.
 우리 주 예수 그리스도를 통하여 비나이다. 아멘!

주님 부활 대축일 - 낮미사
요한 20,1-9

그리고 보고 믿었다.

요한 20,8

🌱 중학교 2학년 여름이 지나고 예수님과의 첫사랑이 꽃피웠습니다.

당시 저는 미사와 성체 조배 안에서 예수님을 자주 만나고 싶었고 성경과 여러 영성 서적을 통해서 주님을 만나 기뻐했던 시간도 많았습니다. 주님을 알고 체험할수록 제 안에 성령께서 주시는 기쁨이 샘솟았고, 주님을 위해서 제 삶을 봉헌하는 것이 너무나 행복한 일이라는 확신이 가득했습니다.

그렇게 원해서 들어간 신학교 2학년 때 이유 모를 시련이 찾아왔습니다. 때는 사순 시기였습니다. 그때까지 신앙에 대해 한 번도 의심하지 않고, 부활하신 주님을 맞이하기 위해 열심히 사는 것이 행복하기만 했었습니다.

하지만 사순 시기를 시작하면서 제 마음에 어둠이 느껴졌고, '주님이 진정 나와 함께 계시는 것일까?' 하는 의구심도 느끼며, 혹여나 '내 성소에 문제가 있는 것은 아닐까?' 하는 두려움에 사로잡혀 하루하루 힘겹게 살아가기도 했습니다.

그러던 어느 날 영성 지도 신부님께 찾아가 영성 상담을 하면서 최근에 겪고 있던 영성적인 어려움에 대해 말씀드리게 되었습니다. 신부님께서는 제 이야기를 끝까지 들으시고는 제 성소에 아무런 문제가 없다고 안심시켜 주셨습니다.

그러면서 신부님께서는 주님을 더 느끼며, 믿음을 굳세게 하기 위한 시간을 아마도 주님께서 제게 허락하신 것 같다고 말씀해 주셨습니다. 또한 이런 현상에 대해 신부님께서는 '무지의 구름'(The Cloud of Unknowing)이라는 표현을 통해 설명하여 주셨습니다.

신학교 2학년 때 겪은 이런 체험을 단지 부정적인 측면에서 어둠의 체험이라 부르고 싶지는 않습니다. 오히려 부활하신 주님을 만나기 위해서는 우리에게도 우리의 십자가의 길을 받아들이고 그 길을 걸어야 하는 시간이 꼭 필요하다고 묵상됩니다.

어린 시절에 처음으로 주님을 만나면서 그분께서 주시는 기쁨과 행복을 맛보게 되었다면, 이제는 주님의 길을 따르기 위한 진짜 시간을 어둠의 통로, 곧 그러한 체험을 통해 그분께서 깨닫게 해 주신 것이라 묵상됩니다.

사실 저는 그 길에서 예전에는 한 번도 경험해 보지 못했던 진정한 부활 체험을 하게 되었습니다. 신학교 2학년 때 사순 시기가 끝나고 부활을 맞이하면서 그동안의 의심과 불안, 걱정은 어느덧 송두리째 사라지고 주님께서 주시는 진정한 부활의 기쁨을 맛보게 되었습니다.

저는 이러한 체험을 통하여 주님께서는 진정으로 살아 계시고 부활하신 분임을 고백하게 되었습니다. 우리는 어둠의 순간을 뚫고 빛으로 오신 주님을 맞이하기 위해서는 어둠 속에서도 주님의 이름을 부르면서, 그분께서 주시는 말씀을 굳게 붙들고 있어야 합니다.

 부활 신앙은 그렇게 끈질기게 주님께만 의지하고 희망하며, 그분께 온 삶을 의탁하는 사람에게 주시는 주님의 최고의 선물이라 믿습니다.

🌿 함께 기도하시겠습니다.

 빛으로 다가오시는 주님, 주님 부활을 저희가 믿게 해 주심에 감사드립니다.
 주님, 부활을 통해 십자가 사랑의 완성을 일깨워 주심에 감사드립니다.
 주님, 저희를 당신께 대한 부활 신앙으로 이끌어 주소서.
 그리하여 어렵고 힘든 삶의 여정에서 당신 말씀을 꼭 붙들고, 당신 말씀에만 희망을 두어 당신 뒤를 따르게 하소서.
 그리고 그 끝에 당신께서 저희에게 주시는 참된 구원이 있음을 믿게 하소서.
 우리 주 예수 그리스도를 통하여 비나이다. 아멘!

부활 제2주일 - 하느님의 자비 주일
요한 20,19-31

> 너는 나를 보고서야 믿느냐?
> 보지 않고도 믿는 사람은
> 행복하다.
>
> 요한 20,29

🌱 예수님께서는 당신의 제자들이 두려움에 떨며 문을 굳게 잠가 놓음에도 그들 '가운데 서시며', 그들에게 "평화가 너희와 함께!"(요한 20,19) 하고 말씀하십니다.

알렉산드리아의 키릴루스는 그의 『요한복음 주해』에서 이 평화가 '그리스도 자신'을 가리킨다고 말하고 있습니다. 이 의미와 더불어 '평화가 너희와 함께한다'는 말씀은 바로 주님께서 제자들과 함께한다는 것으로 묵상됩니다.

또한 이것은 주님을 받아들이지 못하고 불신앙에 사로잡혀 있으며, 방황하고 있는 우리에게 주님께서 우리 안에 오시게 되면, 그 약속하신 평화가 우리와 함께 머문다는 것으로 묵상됩니다. 그래서 그리스도인들은 주님께서 함께 계실 때 비로소 영혼이 언제나 평온함을 누리게 되는 것입니다.

하지만 부활 신앙을 모두가 쉽게 갖는 것은 아닙니다. 이것은 제자들에게도 분명하게 나타납니다. 토마스 사도의 예수님 부활에 관한 이성적이고 현실적인 생각과 의심은 오늘날 부활을 맞이하는 우리에게도 적지 않게 다가오는 질문일 수 있습니다.

그러나 부활하신 예수님을 직접 만나 뵌 다른 동료들의 말을 쉽게 믿지 못하는 토마스에게 주님께서는 특별한 은총의 시간을 허락하십니다.

예수님께서는 직접 그들 가운데 서시며 토마스의 입에서 나온 말로써 "네 손가락을 여기 대 보고 내 손을 보아라. 네 손을 뻗어 내 옆구리에 넣어 보아라."(요한 20,27) 하고 말씀하십니다. 순간 부활하신 주님께 가졌던 의심의 눈이 떠져 그분을 제대로 바라보게 되고 부활하심을 받아들여 예수님을 주님으로, 하느님으로 고백하게 됩니다.

토마스 사도의 의심 속에서 예수님께서 말씀하시고자 하는 것은 당신 부활에 대한 의심보다는 당신께서 공생활 동안 가르쳐 온 하늘 나라에 관한 복음과 당신에 관하여 예고한 수난과 부활에 대한 믿음을 공고히 하는 것이었습니다.

그리고 예수님께서 토마스 사도에게 말씀하신 "너는 나를 보고서야 믿느냐? 보지 않고도 믿는 사람은 행복하다."(요한 20,29)라는 말씀은 비단 그에게 말씀하신 것뿐만 아니라 예수님을 그리스도로 고백하는 모든 공동체와 지금 우리에게도 하신 말씀이라고 여겨집니다.

과학과 이성 그리고 증거를 중심으로 사고체계를 전개하는 것을 중시하는 오늘날의 현실 속에서 오로지 예수님의 부활을 직접 체험한 제자들과 목격자들의 증언만으로 믿음을 갖는 것은 하나의 커다란 도전이라고 생각됩니다.

그러나 이러한 도전으로부터 주님 부활 신앙에 깊이 들어감은 그 실증적이고 과학적이며, 이성적으로 도저히 풀기 어려운 영원한 생명에 관한 신비의 문을 발견하고 여는 데 매우 중요한 것이라 묵상됩니다. 이것은 인간의 힘으로 얻어지는 것이 아니라 바로 주님께서 우리에게 약속하신 성령과 함께할 때 가능할 것입니다.

🌿 함께 기도하시겠습니다.

 믿음의 주님, 당신을 저희의 주님으로 고백할 수 있음에 감사드립니다.
 하지만 주님, 예수님 부활에 대한 이해와 믿음이 부족하여 때로는 저희 신앙에 의심도 하고 다른 이들 앞에서 저희 믿음의 약한 모습도 보이곤 했습니다.
 주님, 아직도 부족한 저희 믿음에 당신의 성령을 충만히 부어 주시어, 저희 마음을 오로지 당신만 향하도록 붙잡아 주소서.
 그리하여 당신의 말씀이 저희 안에 살아 숨 쉬며, 주님을 향한 사랑과 열정이 타오르게 하소서.
 우리 주 예수 그리스도를 통하여 비나이다. 아멘!

부활 제3주일
루카 24,13-35

길에서 우리에게 말씀하실 때나
성경을 풀이해 주실 때
속에서 우리 마음이
타오르지 않았던가!

루카 24,32

🌱 　주간 첫날 예수님의 제자들 가운데 두 사람이 예루살렘과 조금 떨어진 엠마오라는 마을로 향하고 있었습니다. 예수님께서는 당신에 관하여 이야기하고, 토론하고 있는 그들 곁으로 가시어 그들과 함께 걸으십니다.

비록 그 제자들은 부활하신 주님을 알아보지 못했지만, 예수님께서는 그들이 나누고 있던 말에 경청하시면서 그들의 마음속으로 조금씩 다가가십니다. 예수님께서 그들에게 "무슨 일이냐?"(루카 24,19) 하시며, 그들이 보고 들었던 내용에 대해서 질문하십니다.

그러나 아쉽게도 그들의 대답에서 진정 예수님에 대한 신앙 고백은 부족하게 나타나고 있습니다. 그들은 예수님을 그들이 처한 정치적인 억압 속에서 해방시켜 줄 메시아로만 인식하고 기대했고 그분께서 부활하셨다는 사실을 받아들이지 못하고 있었습니다.

한편, 예수님께서는 당신께서 이미 세 번이나 예고하신 죽음과 부활의 의미를 그들에게 다시 확인시켜 주십니다. 그런데 그 방법에 있어서 예수님께서 사용하신 방법은 그들이 잘 알고 있는 성경에 대해 자세히 해석하여 주신 것과 최후의 만찬 때 빵을 나누신 체험을 상기시키신 것입니다.

이렇듯 예수님께서는 그들의 눈높이에 맞는 명쾌

한 설명으로써 그들 마음속에 말씀이 살아 숨 쉬게 하시고 말씀뿐만 아니라 그들이 당신과 함께한 체험을 다시금 기억하게 하면서, '아, 맞아! 예수님이 우리한테 이렇게 해 주셨지!'라고 손뼉을 치게 만들어 주십니다.

이러한 예수님의 방법을 통해 제자들은 "눈이 열려"(루카 24,31) 부활하신 그분을 알아보게 되었습니다. 또한 부활하신 예수님을 체험한 그들은 "길에서 우리에게 말씀하실 때나 성경을 풀이해 주실 때 속에서 우리 마음이 타오르지 않았던가!"(루카 24,32)라는 놀라운 증언을 하게 됩니다.

우리도 부활하신 예수님을 평소에 잘 느끼지 못할 때, 신앙심이 식어 감을 느끼곤 합니다. 그러나 이런 마음이 우리 마음속에 밀려들어올 때, 우리는 분명히 기억해 두어야 하는 것이 있습니다.

엠마오로 향하는 제자들 곁으로 어느 틈에 예수님께서 먼저 다가가셔서 함께 걷고 계셨다는 사실입니다. 예수님께서는 지금 우리 곁으로 다가오셔서, 분명히 우리 신앙의 길에 동행하고 계십니다. 아쉬운 것은 주님께서 매 순간 우리를 부르시지만 우리는 그 사실을 잘 느끼지도, 또 그냥 지나칠 때도 많았을 것이라는 겁니다.

하지만 힘든 일이 있을 때나, 기쁜 일이 있을 때나 우리가 언제나 주님을 찾고 만나기를 원할 때, 주님께서는 우리에게 "나 여기 있다."(이사 52,6) 하고 대답해 주실 것입니다.

"너를 사랑하는 내가 항상 너와 함께 있다."라고 주님께서는 우리 가슴속에 응답해 주실 것입니다. 우리는 주님께서 주시는 그 응답을 통해 다시 한 번 뜨겁게 주님을 느낄 수 있고, 그 힘으로 부활하신 주님과 함께 우리 신앙의 길을 기쁘게 걸어갈 것입니다.

🌿 함께 기도하시겠습니다.

 사랑의 주님, 언제나 저희와 함께해 주심에 감사드립니다.
 주님, 주님한테 받았던 뜨거운 사랑을 저희는 기억하고 있습니다.
 주님, 비록 지금은 그 사랑의 체험이 조금은 식어 간다고 할지라도 언제나 당신께서 저희와 함께하심을 믿고 있습니다.
 주님, 부족한 저희 안에서 당신을 향한 사랑과 열정을 다시금 느끼게 해 주십시오.
 그리하여 열렬히 당신 이름을 부르며, 타오르는 열정으로 당신을 사랑하게 하소서.
 우리 주 예수 그리스도를 통하여 비나이다. 아멘!

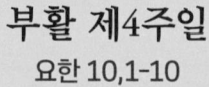

부활 제4주일
요한 10,1-10

나는 양들이 생명을 얻고
또 얻어 넘치게 하려고 왔다.

요한 10,10

🌱 예수님께서는 오늘 '목자의 비유'를 드시면서 당신 자신을 "문"(요한 10,9)이라 말씀하십니다. 누구든지 이 문, 곧 예수님을 통해 들어오는 이는 구원을 얻게 되고 주님께서 마련하신 생명을 누리게 되는 것입니다. 궁극적으로 오늘 예수님께서는 구원을 가져다주는 분이 바로 당신임을 군중들에게 드러내고 계십니다.

외국에서 신학을 공부할 때 인근의 큰 공원으로 산책하러 나간 적이 있습니다. 그곳에서 목자와 그를 보좌하는 개들의 도움으로 양 떼들이 한 방향으로 우르르 움직이는 장관을 여러 번 보게 되었습니다.

저는 그 광경을 보면서 속으로 '아, 이런 모습을 예수님께서 눈여겨보시고 착한 목자의 비유를 말씀하신 것이구나.' 하는 느낌을 받게 되었습니다. 또한 이 광경을 통해 오늘 복음과 관련하여 사목에 대한 근원적인 질문을 제게 던지게 되었습니다.

'그러면 사목이란 무엇일까?'

이에 대한 해답을 얻기 위해 사랑하는 차동엽 신부님과의 추억을 잠시 떠올려 봅니다.

귀국해서 2013년에 차 신부님께 특강을 요청했습니다. 당시 신부님은 "사목이란 무엇인가요?"라는 질문을 던지시면서 강의를 시작했습니다.

신부님은 학생들한테서 간단한 대답을 들으신 후 그들에게 이렇게 답했습니다.

"사목이란 사람을 살리는 것입니다."

신부님의 대답은 짧지만 명쾌했고, 심지어 가슴속을 파고드는 묵직함을 느끼게 해 주었습니다. 차 신부님의 이 대답에서 사목의 본질이 '예수님의 사람들을 향한 진심 어린 마음과 구원을 위한 행동'이라는 것을 깨달을 수 있었습니다.

결국 차 신부님은 사목적 경험을 통해, 사목이 복음의 정신으로 사람을 살리면서 주님께서 주시는 '은총의 시간'임을 강하게 체험했던 것으로 생각합니다. 그래서 신부님은 언제나 주님의 복음을 전할 때, 그것을 무엇보다 큰 가치로 여겼고 기뻐했으며 행복해하셨습니다.

오늘 예수님께서 말씀하신 목자의 비유를 통해 에제키엘 예언자를 통해 주신 주님의 복된 말씀을 마음에 새겨 봅니다.

"내가 몸소 내 양 떼를 먹이고, 내가 몸소 그들을 누워 쉬게 하겠다. 주 하느님의 말이다. 잃어버린 양은 찾아내고 흩어진 양은 도로 데려오며, 부러진 양은 싸매 주고 아픈 것은 원기를 북돋아 주겠다"(에제 34,15-16).

이 말씀을 통해 주님께서는 당신의 양인 우리를 하나하나 분명히 기억하심을 느낍니다. 또한 당신께 다가오는 양들의 이름을 부르며 꼭 안아 주시는 것도 느낍니다. 주님께서는 이렇듯 세상이 주는 위협과 고통 그리고 악의 유혹으로부터 우리를 보호하시고 우리를 오로지 구원으로 이끄십니다.

 에제키엘 예언자를 통하여 주님께서 말씀하셨듯이, 주님께서는 분명히 우리를 사랑하시고 우리에게 위로와 힘, 생명을 충만히 주십니다. 우리도 앞으로 주님의 목소리만을 듣고 그분께서 이끄시는 길로 나아가야 할 것입니다.

🌿 함께 기도하시겠습니다.

 위로의 주님, 당신의 사랑을 받는 저희를 언제나 당신 품으로 이끌어 주심에 감사드립니다.
 주님, 진정 당신의 음성은 저희에게 평화와 용기를, 구원을 가져다줍니다.
 주님, 당신께서 저희와 함께하시고 저희를 이끌어 주실 때만이 저희는 참된 보호와 구원을 얻습니다.
 주님, 언제나 당신 목소리만을 기억하고, 그 음성에 충실히 응답하고 따를 수 있도록 저희를 이끌어 주소서.
 우리 주 그리스도를 통하여 비나이다. 아멘!

부활 제5주일
요한 14,1-12

하느님을 믿고
또 나를 믿어라.

요한 14,1

🌱 예수님께서는 제자들에게 "너희 마음이 산란해지는 일이 없도록 하여라."(요한 14,1) 하고 말씀하십니다. 예수님께서는 무엇 때문에 그들의 마음이 산란해질 수 있음을 염려하셨을까요?

예수님께서는 예루살렘의 입성 전에도 제자들에게 세 차례나 당신의 수난과 죽음 그리고 부활에 대해서 말씀하셨습니다. 그리고 그 시간이 아주 가까이 다가왔을 때, 당신을 팔아넘길 사람과 배반할 사람도 예고하셨습니다.

오늘 이런 상황 속에서 힘겨워하고 있는 당신의 제자들에게 예수님께서는 "하느님을 믿고 또 나를 믿어라."(요한 14,1) 하고 말씀하십니다. 분명히 예수님께서 말씀하신 수난과 죽음의 시간이 다가오고, 당신을 배반할 사람들에 대한 예고도 들었던 그들이었지만, 그들에게 있어서 결코 흔들리지 말아야 하는 것은 '예수님께 대한 믿음'이었습니다.

하지만 제자들은 예수님께서 어디로 가시는지, 곧 지금의 수난과 죽음에 이르는 고통이 어떠한 의미를 지니는지를 온전히 깨닫지 못하고 있었습니다. 그러나 아직 부족한 믿음을 가진 토마스에게 예수님께서는 당신 자신이 어떠한 분이신지를 드러내십니다.

"나는 길이요 진리요 생명이다"(요한 14,6).

예수님께서는 언제나 성부의 뜻에 따라 말씀하시고 가르치시며 행동하셨습니다. 그 모든 행위에 하느님의 뜻이 담겨 있는 것이고, 생명을 얻기 위한 진리가 감춰져 있던 것입니다. 그리고 예수님께서 성부와 언제나 일치하셨듯이, 예수님의 말씀을 받아들이는 사람은 진리를 깨달을 수 있으며, 생명으로 나아가는 길을 예수님을 통해 얻게 될 것입니다.

또한 직접 하느님을 뵙기를 간청하는 필립보에게도 예수님께서는 "내가 아버지 안에 있고 아버지께서 내 안에 계시다고 한 말을 믿어라."(요한 14,11) 하고 말씀하시며 믿음을 북돋아 주십니다.

예수님께서 앞서 하신 말씀을 통해 제자들에게 더 이상 당신에 대하여 불신하지 말고 굳은 믿음을 가지라 강조하십니다. 그리고 이 말씀은 믿음이 흔들려 마음이 산란해지는 일이 없도록 분부하신 말씀의 이유가, 예수님이 하느님께서 보내신 분이며, 그분을 믿는 이들에게 구원을 가져다주시는 참된 분이라는 사실에 있음을 드러냅니다.

우리는 예수님께서 제자들에게 하신 말씀 안에서 예수님과 하느님께서 한 분이심을 깨닫게 되고, 더 나아가 성령 안에서 이 모든 말씀을 믿게 됨을 고백하게 됩니다.

오늘 예수님의 말씀은 성령 안에서 언제나 우리와 함께하고 계심을 체험하게 하는 위로의 말씀이고 격려의 말씀입니다. 또한 이 말씀은 주님께 대한 믿음이 흔들리거나 삶의 역경과 유혹 속에서 방황할 때도 우리를 꼭 붙잡아 주시는 아버지의 사랑입니다.

주님께서는 지금, 이 순간에도 우리 안에 살아 계시며, 당신으로 하여금 큰 위로와 기쁨을 주십니다. 우리는 그 힘으로 주님께서 이끄시는 모든 일을 충실히 해낼 수 있습니다.

🍃 함께 기도하시겠습니다.

 사랑의 주님, 언제나 저희를 당신의 사랑으로 이끌어 주심에 감사드립니다.
 주님, 저희가 당신께 대한 믿음이 흔들리고 세상 것에 마음을 빼앗기더라도, 당신은 저희를 결코 포기하지 않으셨습니다.
 주님, 저희가 성령 안에서 당신의 인내와 사랑을 충만히 체험하며, 그 사랑 안에서 더욱 큰 믿음을 갖게 하소서.
 그리하여 세상에서 말과 행동으로 당신을 기쁘게 증언하는 자녀가 되게 하소서.
 우리 주 예수 그리스도를 통하여 비나이다. 아멘!

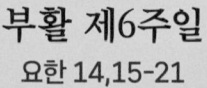

부활 제6주일
요한 14,15-21

내 계명을 받아 지키는 이야말로
나를 사랑하는 사람이다.

요한 14,21

🌱 오늘 예수님께서는 제자들에게 당신을 사랑하는 사람에 대해서 말씀하십니다. 15절과 21절에서 주님을 사랑하는 사람의 조건이 제시되는데, 그것은 다름 아닌 주님의 계명을 지키는 것입니다.

마태오 복음에서 예수님께서는 율법에서 가장 큰 계명에 관해 물은 율법 교사에게 율법과 예언서의 정신이 하느님 사랑과 이웃 사랑에 깊이 뿌리를 내리고 있음을 말씀하십니다(마태 22,34-40 참조).

그리고 오늘 복음을 말씀하시기 전 예수님께서는 제자들의 발을 씻어 주시며 그들에게 "서로 사랑하여라."(요한 13,34)라는 새 계명을 주십니다. 이렇듯 예수님께서 율법 교사와 당신의 제자들에게 아주 중요하게 강조하신 가르침(계명)은 '사랑'이라 말할 수 있습니다.

결국 이 사랑을 실천하는 것이 예수님의 가르침을 올바로 이해했다고 말할 수 있고, 그것은 곧 예수님을 사랑한다는 것과 일치한다고 볼 수 있습니다. 그래서 오늘 예수님께서는 당신을 사랑하면 그분께서 가르쳐 주신 사랑의 계명을 지킬 것이라 말씀하신 것입니다(요한 14,15 참조).

예수님의 사랑에 대한 가르침을 조금 더 묵상해 보면, 단순히 우리에게 당신께서 일러 주신 그 계명을 의무적으로 실천하는 데 있지는 않다고 생각합니다. 그런데 가만히 우리의 지난 삶을 되돌아보면, 얼마나 많은 순간에 주님의 도움과 위로, 깊은 사랑을 받았는지 모릅니다.

특히 우리가 삶의 고통으로 힘들어하고 있을 때, 주님께서는 그 고통의 시간을 우리와 함께 보내셨습니다. 또한 우리가 삶의 방향을 잃고 방황할 때, 주님께서는 우리를 포기하지 않으시고 끝까지 기다려 주시며, 우리가 당신께 온전히 갈 수 있도록 우리를 이끌어 주셨습니다.

무엇보다 성령께서는 언제 어느 순간에도 우리와 함께하심을 느끼게 해 주시고, 우리를 사랑하심을 체험하게 해 주십니다. 우리가 주님의 성령을 깊이 받아들일수록 우리 안에서 주님께서 살아 계심을 더 깊이 느끼고 고백하게 됩니다. 또한 우리는 우리 삶 안에서 살아 계시는 주님을 깊이 느끼면서 주님의 사랑을 체험하고, 우리도 주님을 사랑하고 있음을 고백하게 됩니다.

그리고 이런 주님의 사랑은 우리로 하여금 당신을 더 잘 따르는 데 힘을 내게 합니다. 더욱더 기쁘고 적극적으로 주님의 사랑을 이웃에게 증언하고, 그 사랑을 실천하면서 주님께 기쁨을 드리고 싶어 합니다. 비록 우리의 작은 사랑의 실천일지라도 그 실천은 주님을 기쁘게 할 것이고, 그러한 우리에게 주님께서는 더 큰 기쁨과 행복을 안겨 주시리라 믿습니다.

　주님을 받아들이는 사람에게는 주님의 성령이 언제나 함께하십니다. 그리고 주님의 사랑은 우리가 당신을 사랑하게끔 재촉할 것입니다. 우리는 이제 주님께 받은 사랑을 다시 우리가 충실히 실천하는 사랑으로 돌려드림으로써 온전히 주님께 사랑받는 자녀가 됩니다.

🌿 함께 기도하시겠습니다.

 사랑의 주님, 언제나 저희를 사랑하고 아껴 주심에 감사드립니다.
 주님, 삶의 고통 속에서 방황하고 힘겨워할 때 주님께서는 언제나 저희의 위로와 힘이 되어 주셨습니다.
 주님, 좌절하고 앞으로 더 이상 한 걸음도 못 걸을 것 같더라도 주님께서는 저희를 업고 걸어가셨습니다.
 주님, 이제는 당신 사랑에 감사하며, 당신께서 주신 사랑을 우리 이웃과 함께 나누고자 합니다.
 주님, 저희를 사랑해 주심에 감사드리며, 저희도 주님을 사랑합니다.
 우리 주 예수 그리스도를 통하여 비나이다. 아멘!

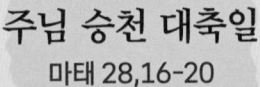

주님 승천 대축일
마태 28,16-20

> 보라, 내가 세상 끝 날까지
> 언제나 너희와 함께 있겠다.
>
> 마태 28,20

🌱 예수님께서는 당신의 제자들을 베타니아 근처까지 데리고 나가신 다음, 손을 드시어 그들에게 강복하시며 그들을 떠나 하늘로 올라가셨습니다(루카 24,50-51 참조). 우리는 이러한 예수님의 승천을 어떻게 바라보아야 할까요?

마르코 복음을 보게 되면 예수님께서는 승천하시어 하느님 오른쪽에 앉으셨다고 나옵니다(마르 16,19 참조). 우리가 잘 알고 있는 사도신경에서도 우리 주 예수님께서 "하늘에 올라 전능하신 천주 성부 오른편에 앉으시며"라고 고백하고 있습니다.

성경에서의 '하늘'과 '구름'은 영광을 상징하고 있는데, 이는 하느님의 현존을 가리키고 있습니다. 곧 예수님께서는 이 영광 속으로 올라가셨음을 의미합니다. 따라서 원래 영광 속에 계셨던 분께서 강생하셔서 성부의 뜻을 완수하시고, 당신이 계셔야 하는 곳으로 다시 가신 것입니다.

그리고 '성부 오른편에 앉으셨다'는 의미는 스테파노가 박해를 받고 죽어 가면서 "사람의 아들이 하느님 오른쪽에 서 계신 것"(사도 7,56)을 보았다는 증언에서도 살펴볼 수 있습니다.

여기서 '오른편'이라는 표현은 쉬운 말로 '주님의 오른팔'이라는 뜻으로, 전권을 위임받은 자, 곧 성부의 권한을 다 받았다는 것을 의미하고 있고, 또 '앉으셨다'라는 말씀은 가르침, 재판, 통치의 자리에 앉으셨다는 것을 뜻하며, 성부의 전권을 대신 행사하는 권좌에 오르셨음을 나타내고 있습니다.

그러면 예수님께서 이처럼 하늘에 오르셔서 성부 오른편에 앉으신 것이 우리에게 어떤 의미를 줄까요?

예수님의 승천은 지역적이고 시대적인 수준을 초월하여, 모든 시간과 장소를 넘나들 수 있는 '경지'에 들어가셨다는 것으로 이해할 수 있습니다. 결국 이 말은 제자들 눈앞에서 하늘로 올라가신 예수님께서 언제나 어디서나 그들과 함께하실 수 있다는 것이고, 지금 살고 있는 우리에게도 주님께서는 언제나 함께하시며 우리와 더욱 하나가 되셨음을 의미합니다.

또한 예수님께서는 하늘에서도 당신의 사제직을 영원히 수행하고 계십니다. 곧 승천하시어 성부 오른편에 앉으신 주님께서는 우리를 위해 강력하게 변호하고 중재하실 수 있는 권한을 행사하실 수 있게 되었습니다(히브 4,14; 7,25 참조).

오늘 제자들이 부활하신 예수님께서 하늘로 올라가심을 그저 눈으로 바라볼 때, 그들의 시선은 상실의 시선이었을 것입니다.

그러나 그 시선은 기쁨과 희망의 시선으로 변화되

어야 할 것입니다. 왜냐하면 부활하시고 하늘에 올라 천주 성부 오른편에 앉으신 예수님께서는 언제나 그들과 또 우리와 함께 계시며, 우리가 궁극적으로 하느님 품에 안길 그날까지 매 순간 기도해 주시기 때문입니다.

예수님의 승천은 우리가 이제 우리와 함께하시는 주님을 느끼게 해 주며, 우리가 인생에서 어디를 바라보아야 하는지 일깨워 주십니다.

🌿 함께 기도하시겠습니다.

 영광의 주님, 언제나 저희에게 은총을 내려 주심에 감사드립니다.
 주님, 저희를 사랑하시어 한순간도 저희를 잊지 않고 저희와 함께하시며, 저희를 당신의 길로 이끌어 주심에 감사드립니다.
 주님, 특히 삶의 역경과 고난 속에서 당신의 이름을 부르짖을 때, 절대 저희의 음성을 외면하지 않고 꼭 들어주심에 감사드립니다.
 주님, 저희도 당신 말씀에서 들려오는 음성만을 따르며, 주님 품에서 쉬는 그날까지 충실히 당신 뒤를 따르게 하소서.
 우리 주 예수 그리스도를 통하여 기도합니다. 아멘!

성령 강림 대축일
요한 20,19-23

성령을 받아라.

요한 20,22

🌱　예수님께서는 당신 제자들에게 평화를 주시고 복음 선포의 사명을 주십니다.

"아버지께서 나를 보내신 것처럼 나도 너희를 보낸다"(요한 20,21).

이 사명은 성부의 뜻을 충실히 완수한 예수님의 복음 선포를 제자들도 이어받는 것을 의미합니다. 예수님께서는 이 사명을 받은 제자들에게 숨을 불어넣으며 성령을 받으라 말씀하십니다.

이 시점에서 예수님께서 제자들에게 당신이 수난 받기 전 성령에 대해 하신 말씀을 같이 묵상하고 싶습니다. 예수님께서는 제자들에게 당신의 수난을 예고하시면서 "진리의 영"(요한 14,17), 곧 성령을 약속하십니다.

예수님께서 약속하신 "다른 보호자"는 "진리의 영", 곧 성령으로서 예수님께서 승천하신 후 성령 강림 때 제자들에게 충만히 내려오십니다(사도행전 2장 참조). 이어서 성령에 대해서 예수님께서 말씀하십니다.

"세상은 그분을 보지도 못하고 알지도 못하기 때문에 그분을 받아들이지 못하지만, 너희는 그분을 알고 있다. 그분께서 너희와 함께 머무르시고 너희 안에 계시기 때문이다"(요한 14,17).

예수님께서 말씀하신 성령에 대해 묵상해 보면, 성

령께서는 하느님으로서 언제나 제자들과 함께하시는 분이십니다.

그리고 예수님께서는 성령을 "보호자"(요한 14,26)라고 말씀하셨습니다. 이러한 보호자이신 성령께서는 예수님을 주님으로 받아들이는 이들에게 주님께서 말씀하신 진리를 깨닫게 해 주시며, 언제나 주님께서 그들 안에 살아 계심을 느끼게 해 주십니다.

그래서 성령께서는 그러한 하느님의 자녀들이 온전히 주님을 '아버지'로 고백하게 하시고 항상 그들 곁에서 보호하시며, 예수님께서 말씀하시고 행하신 하느님의 뜻을 기쁘게 실천할 수 있도록 이끌어 주십니다.

아울러, 바오로 사도는 이런 성령에 대해 '우리를 위해 간구해 주시는 분'(로마 8,26 참조)으로 고백하고 있습니다.

"성령께서도 나약한 우리를 도와주십니다. 우리는 올바른 방식으로 기도할 줄 모르지만, 성령께서 몸소 말로 다할 수 없이 탄식하시며 우리를 대신하여 간구해 주십니다. 마음속까지 살펴보시는 분께서는 이러한 성령의 생각이 무엇인지 아십니다. 성령께서 하느님의 뜻에 따라 성도들을 위하여 간구하시기 때문입니다"(로마 8,26-27).

이처럼 성령께서는 진리를 깨닫게 해 주시고 우리를 보호하시면서, 나약한 우리의 속마음을 깊이 헤아려 주시고 우리를 위해 간구해 주시는 분이십니다.

 우리가 받은 성령을 통해 우리는 외롭게 홀로 있는 존재가 아니라 전지전능하신 하느님께서 언제나 우리와 함께하심을 느낄 수 있습니다. 주님께서 우리와 함께하시니 우리는 두렵지 않고 언제나 큰 위로와 용기를 얻을 수 있고 희망을 품을 수 있습니다.

 우리는 이런 성령 안에서 하느님의 사랑 받는 자녀로 살아가며 구원의 길로 나아갑니다.

🌿 함께 기도하시겠습니다.

 사랑의 주님, 언제나 저희를 당신의 품에서 보호해 주심에 감사드립니다.
 주님, 아무도 알지 못하는 고통과 고민 속에서 살아가더라도, 주님께서는 저희의 마음을 아시고 저희의 위로가 되어 주셨습니다.
 주님, 저희가 당신을 알아 뵈옵고, 당신을 저희의 주님으로 모시게 됨을 진심으로 감사드립니다.
 주님, 이제는 당신께만 마음을 드리고, 당신께서 알려 주시는 길을 통해 구원을 희망하고 얻게 되는 영광을 허락하소서.
 우리 주 예수 그리스도를 통하여 비나이다. 아멘!

지극히 거룩하신 삼위일체 대축일
요한 3,16-18

하느님께서는 세상을
너무나 사랑하신 나머지
외아들을 내주시어,
그를 믿는 사람은 누구나
멸망하지 않고
영원한 생명을 얻게 하셨다.

요한 3,16

🌱 교회는 삼위일체 교리에 대해 삼위(성부, 성자, 성령)께서 위격(位格)으로는 서로 구별되시지만, 본체(本體=본질)로서는 같은 하느님이시라고 가르치고 있습니다. 우리에게 이 교리는 여전히 하느님만이 아시는 '신비의 영역'이라 느껴지지만, 성경을 통해 이 교리에 대해 살펴볼 수 있습니다.

전체적으로 신약에서 살펴볼 수 있는 삼위일체의 신비는 '예수님의 탄생 예고'(루카 1,26-38)에서 찾을 수 있습니다. 가브리엘 천사는 마리아에게 예수님의 잉태에 대해 말합니다.

여기서 "지극히 높으신 분"(루카 1,35), 곧 하느님 아버지와 마리아에게 내려오신 성령과 마리아의 태중에 잉태되신 예수님이 분명히 구별되는 분이십니다. 그러나 삼위일체 교리는 이 세 분이 사실 '한 분 하느님'이라는 사실을 우리에게 알려 주고 있습니다.

구약에서 구체적으로 성부 하느님에 관하여 신명기에서는 "주 우리 하느님은 한 분이신 주님이시다."(6,4)라고 그 유일성을 강조하였습니다. 그들은 여러 번 우상숭배와 죄 속에서 나라가 멸망하여 유배까지 가는 일이 벌어졌지만, 깊은 반성과 함께 주님께서 그들을 구원해 주시는 분이시라는 강한 체험을 하게 됩니다.

신약의 시대에서는 성자 예수님께서 등장하시는데, 예수님께서는 하느님을 "아버지"라고 부르시고 그분께 기도도 하셨습니다(마태 6,9-15 참조). 그러나 결정적으로 요한 복음에서 예수님께서는 "아버지와 나는 하나다."(10,30)라고 말씀하시며 당신의 신원을 드러내셨고, 용서를 베푸시고 수많은 치유와 기적으로도 당신의 신성을 드러내시면서 간접적으로 당신께서 하느님이심을 보여 주셨습니다(마르 1,21-2,12 참조).

특히, 부활 후 예수님을 만난 토마스 사도의 고백, 곧 "저의 주님, 저의 하느님!"(요한 20,28)을 통해서도 우리가 지금 예수님께 드리는 고백이 분명하게 드러납니다.

한편, 사도행전에서 사도들은 '성령 강림'(사도 2,1-13)을 강하게 체험합니다. 그들은 성령의 힘으로 예수님에게서 듣고 배웠던 '복음'을 선포하기 시작하며, 그들과 함께 계시는 성령께서 바로, 예수님께서 약속하신 "보호자"(요한 14,16), 곧 "진리의 영"(요한 14,17)이시라는 것을 믿게 되었습니다. 그들은 성령께서도 예수님과는 분명히 구별되시면서 예수님과 같은 분이며, 또 하느님이심을 깨닫게 됩니다.

그러면 이러한 삼위일체가 우리 삶과 어떠한 관련이 있을까요?

성부께서는 '우리 앞에 계시는 하느님'으로 모든 것의 근원이시고 목표이시며, 시작이요 마침으로 생명을 주시고 그 근거가 되며, 그 마감을 정하시는 분입니다.

성자께서는 '우리와 함께하시고 우리를 위해 계시는 하느님'으로 죄인인 우리의 구원을 위하여 강생하시어 우리와 함께 계십니다.

성령께서는 '우리 안에 계시는 하느님'으로 우리를 대신해서 탄식해 주시고 우리 안에서 능력을 주시는 분입니다.[7]

우리는 이러한 삼위일체이신 하느님을 고백하며 그분 안에서 그분과 함께 살고 그분에게서 구원으로 나아갈 힘을 얻습니다.

🌿 함께 기도하시겠습니다.

 주님, 저희와 항상 함께하심에 진심으로 감사드립니다.

 주님, 때로는 주님을 잘 느끼지도 못하고 이해하기도 어렵지만, 당신께서 살아 계신 저의 하느님이시라는 사실을 굳게 믿습니다.

 삼위일체이신 하느님, 저희 안에 당신께서 주시는 사랑과 평화와 선과 기쁨 속에서 당신께서 약속하신 영원한 생명을 맛보게 하소서.

 그리고 그 기쁨을 이웃 형제들에게도 전하게 하소서.

 우리 주 그리스도를 통하여 비나이다. 아멘!

지극히 거룩하신
그리스도의 성체 성혈 대축일
요한 6,51-58

내 살을 먹고 내 피를 마시는
사람은 영원한 생명을 얻고,
나도 마지막 날에
그를 다시 살릴 것이다.

요한 6,54

🌱 예수님께서 당신의 말씀을 듣기는 하지만 의심을 품은 유다인들에게 전하시는 핵심은 분명합니다.

예수님께서는 하늘에서 내려온 당신의 살과 피는 "참된 양식"이고 "참된 음료"로서 그것을 먹고 마시는 사람 안에 분명히 당신께서 머문다고 말씀하십니다(요한 6,56 참조). 또한 이를 통해 주님의 살을 먹고 그분의 피를 마시는 사람은 그분으로 말미암아 살게 된다고 하십니다(요한 6,57 참조).

이로써 주님의 살과 피를 모신 사람에게는 영원한 생명을 얻게 되는 은총을 얻어 누리게 될 것이며, 마지막 날에 주님께서 그러한 사람을 반드시 기억하시고 살리실 것이라 분명히 말씀하셨습니다(요한 6,54 참조).

그러면 지금 우리에게 예수님께서는 무엇을 강조하고 계실까요?

중학교 때 어느 날 교리 교육 시간에 교리 선생님이 성체 성사에 대해 수업을 했던 적이 있습니다.

선생님은 학생들에게 "너희들은 미사 때 받아 모시는 성체를 예수님의 몸이라 믿고 있니? 아니면 다르게 생각하고 있는 사람이 있니?" 하고 질문하셨습니다.

저는 이 질문이 너무나 당연한 질문이라 생각하고

'성체가 예수님의 몸이라 굳게 믿는다.'고 선생님께 대답했습니다. 그러나 학생 중에 어느 한 친구가 손을 슬며시 들더니, '아직 본인은 성체가 예수님의 몸이라는 확신이 덜 든다.'고 답을 했습니다.

저는 한 번도 성체에 대한 의심을 가져 본 적이 없었지만, 그 순간 사람에 따라서 성체에 대한 확신을 갖기가 어려울 수도 있겠구나 하는 생각을 하게 되었습니다. 아무리 이성적으로 그 친구에게 교리를 설명해 주어도 어린 나이인지라 역부족이었던 경험이 있었습니다.

그러던 어느 날 미사 안에서 주님께서 제 마음속에 더욱더 가까이 다가오시는 체험을 하게 되었고, 어린 나이였지만 성체조배에 대한 맛을 조금씩 느끼게 되었습니다. 누가 제게 성체조배를 시킨 것도 아니었지만, 이상하게 성체조배실에서 주님과 함께 있는 시간이 그 무엇보다 편안했고 기뻤으며 놀라운 시간으로 다가왔습니다.

이러한 체험을 반복할수록 이런 기분과 생각과 현상들에 대해 교리 선생님과 나눌 수 있었고, 선생님께서는 성체조배를 통해 제가 성령 체험을 하고 있다고 차근차근 설명해 주었습니다.

실제로 성체를 깊게 조배할수록 주님과 대화하는

길이 열리게 되었고 주님의 말씀이 살아 있는 말씀이요, 진리의 말씀임을 깨닫게 되었습니다. 또한 성체조배를 통해 부족한 우리를 뜨겁게 사랑해 주시는 주님의 마음을 가슴 벅차도록 느끼게 되었습니다.

그래서 성체조배를 통해 체험한 성체가 '예수님의 몸'이라는 사실이 더 이상 머리로 이해되는 교리가 아니라 가슴속에서 전달되는 '주님의 사랑'임을 고백하게 되었습니다.

주님께서는 성체를 모신 우리와 하나가 되길 원하시고 그 성체에서 뿜어 나오는 당신의 사랑으로 우리가 온전히 당신의 사람이 되기를 원하십니다. 그리하여 당신께서 알려 주시는 지혜로 우리가 당신이 원하는 자녀다운 삶을 살 수 있도록 이끌어 주십니다.

마침내 우리는 이런 순간에 주님께서 우리가 영원한 생명으로 가는 "길이요 진리"(요한 14,6)라는 사실을 깨달을 수 있고, 그분만이 우리에게 '영원한 생명을 주시는 분'이라는 사실을 고백할 수 있습니다.

🌿 함께 기도하시겠습니다.

생명의 주님, 저희에게 언제나 당신의 몸을 모시게 해 주심에 감사드립니다.

주님, 미사 때마다 당신은 저희에게 당신의 사랑을 느끼게 해 주시고, 당신을 통해 영원한 생명으로 나아가는 길을 알려 주셨습니다.

하지만 주님, 때로는 죄 속에 갇혀 당신의 몸을 온전히 모시기에 합당하지 못했고 습관처럼 당신의 몸을 영할 때도 많았습니다.

주님, 이제는 주님의 몸을 진정 감사한 마음으로 모실 수 있도록 저희 마음을 일깨워 주시고 정성된 마음과 깨끗한 몸으로 당신을 받아 모시게 하소서.

우리 주 예수 그리스도를 통하여 비나이다. 아멘!

연중 제11주일
마태 9,36-10,8

그분은 군중을 보시고
가엾은 마음이 드셨다.
그들이 목자 없는 양들처럼
시달리며 기가 꺾여
있었기 때문이다.

마태 9,36

🌿 예수님께서는 "목자 없는 양들"(마태 9,36)처럼 시달리기도 하고 기도 꺾여 있던 군중을 바라보십니다. 그러면서 주님께서는 "가엾은 마음"(마태 9,36)이 드셨습니다.

사실 예수님께서 가난한 이들과 병으로 시달리는 이들을 바라볼 때면 이런 측은한 마음을 느끼시며 그들에게 따뜻하게 다가가셨습니다(마태 14,14 참조). 예수님께서는 지도자 없이 고통을 겪고 있는 군중에게, 또 육체적 고통으로 힘겨워하는 이들에게 그리고 육신과 영혼의 굶주림으로 허덕이는 이들에게 그들의 고통을 외면하지 않고, 사랑이 충만하신 하느님으로서 다가가셨고 그들과 함께하셨습니다.

이런 예수님을 만나 말씀으로 힘과 용기를 얻고, 또 치유를 통해 구원을 체험한 이들은 예수님께서 어떠한 분이신지를 알아보기 시작했으며, 그분에 대한 놀라운 체험을 이웃들에게 전하게 되었습니다.

여기 어느 한 형제가 있습니다. 그 형제님의 세례명은 바오로입니다.

결혼하여 아들을 셋이나 낳고 키우며, 신앙생활도 누구보다 열심히 한 형제님입니다. 연로하신 부모님을 모시면서도 얼굴 한 번 힘든 내색 없이 그렇게 평범하지만, 성실하게 사는 형제님입니다.

이 형제님의 장점이라 할 수 있는 부분은 깊은 신앙심과 어려운 사람을 잘 돕는 자선이라 할 수 있습니다. 힘겹게 물건을 파는 어르신을 만나거나 주변 이웃 중에 심리적으로나 경제적으로 어려움을 겪고 있는 이들을 만날 때, 그들에게 적극적으로 다가가 그들의 아픔에 공감하면서 자신도 넉넉하진 않지만, 그들의 어려움을 돕는 경우가 많았습니다.

그러나 그의 아내는 그렇게 행동하는 남편을 처음에는 이해하기가 어려웠습니다. 넉넉지 않은 살림에 남들을 도와주는 데에 남편은 뒤를 돌아보지 않고 과감히 행동하는 사람이었기 때문입니다.

하지만 시간이 지나면서 자기 남편이 그렇게 어려운 사람들을 돕는 데에는 큰 이유가 있었음을 깨닫게 됩니다. 그것은 깊은 신앙 안에서 체험한 주님 사랑이 너무나 감사하다는 것을 간직함에서 비롯된 것이었습니다.

그래서 바오로 형제님은 그렇게 자신이 받은 주님 사랑에 감사해하면서, 또 자신도 어려운 이웃을 만날 때, 예수님과 같은 측은한 마음으로 그러한 이웃을 바라보며, 그들에게 그와 같은 사랑을 나누었습니다.

바오로 형제님을 통해 본 측은한 마음에서 예수님께서 가난한 이들과 아픈 이들을 바라보시는 시선을 느끼게 됩니다. 그리고 그런 시선은 바로 아버지 하느님께서 사랑하는 당신 자녀들을 바라보는 사랑의 시선이라 묵상됩니다.

오늘 예수님께서 제자들에게 말씀하시고 사명을 내리신 "하늘 나라가 가까이 왔다."(마태 10,7)라는 말씀을 단순히 목소리만 높이고 이론으로만 전하는 것이 아니라, 예수님께서 지니신 측은한 마음으로 이웃을 바라보고 그들에게 따뜻하게 다가가 함께 사랑을 나눌 때, 이미 그들은 주님 안에서 하늘 나라를 살고 있는 사람이 아닐까 묵상됩니다.

🌿 함께 기도하시겠습니다.

 자비의 주님, 언제나 당신 자녀들에게 충만한 사랑을 주시니 감사드립니다.
 주님, 어두운 곳을 방황하고 당신께 돌아가지 못하는 자녀들을 끝까지 포기하지 않으시고 측은한 눈길로 바라보시며 기다려 주심에 감사드립니다.
 주님, 당신께서 보여 주신 사랑은 엄한 가르침보다 오히려 더 강하며, 그 사랑에 이끌려 다시 당신께 다가가지 않고서는 못 견디게 만듭니다.
 주님, 저희의 굳은 마음을 당신의 사랑으로 녹여 주시어, 언제나 당신의 사랑 속에서 희망하고 그 사랑을 이웃과도 나누게 하소서.
 우리 주 예수 그리스도를 통하여 비나이다. 아멘!

연중 제12주일
마태 10,26-33

그분께서는
너희의 머리카락까지
다 세어 두셨다.
그러니 두려워하지 마라.
너희는 수많은 참새보다
더 귀하다.

마태 10,30-31

🌿 오늘 예수님께서는 당신의 제자들에게 복음 전파하는 일에 있어서 따뜻한 위로와 격려를 해 주십니다. 예수님과 함께하더라도 그들은 인간적인 마음으로 흔들릴 수 있고 그릇된 선택도 할 수 있습니다. 그러나 주님께서는 그들의 마음을 다시금 당신께로 돌리게 하시면서, 그 중심에 주님께서 함께하심을 강조하십니다.

월간 『참 소중한 당신』을 창간하신 차동엽(노르베르토) 신부님이 잡지의 이름을 지을 때 일입니다. 신부님은 잡지명을 지으면서 많이 고심하셨습니다.

'어떠한 이름이 좋을까? 사람들이 주님을 만나고 기쁘게 살아가는 삶을 나누고 싶은 잡지인데…'

이러한 고심 끝에 신부님은 큰 깨달음을 체험하게 됩니다. 신부님은 당신의 저서 『통하는 기도』에서 그 체험을 다음과 같이 전하고 있습니다.

"필자는 『참 소중한 당신』이라는 잡지 이름을 성령의 감도를 통해 받았습니다. 잡지 이름을 지으려고 몇 달을 골몰하던 어느 날 아침짐에서 *깨어 기도하는* 순간 와락 이 이름이 필자를 덮쳤습니다. 그때 필자는 실로 하느님의 손이 필자를 포옹해 주는 것을 느꼈습니다. 그와 동시에 눈물이 펑펑 쏟아졌습니다. 필자는 속으로 중얼거렸습니다.

'주님, 제가 주님께 참 소중한 당신 맞지요? 주님, 감사합니다. 감사, 감사, 감사. […]' '그리고 주님, 이 세상 누구든지 참 소중한 당신 맞지요? 주님, 열심히 전하겠습니다. 이 사실을 성심껏 선포하며 전하겠습니다. 아멘, 아멘, 아멘.' […]

그래서 그런지 많은 사람들이 이 이름을 좋아하고, 잡지를 사랑해 줍니다. 사실 모든 이들이 참 소중한 당신입니다. 한 사람도 예외가 없습니다."[8]

차 신부님께서는 잡지명을 짓게 되면서 오히려 주님의 마음을 선물 받게 됩니다. '내가 너를 그렇게 소중하게 여긴다. 너는 내 사랑이다!' 그래서 『참 소중한 당신』이라는 잡지가 탄생하게 되었고 독자로 하여금 큰 사랑을 얻고 있습니다.

저도 이 잡지를 직원들과 함께 만들면서 '어쩌면 이렇게 주님을 사랑하는 사람들이 많고 주님의 사랑이 이토록 클까!' 하는 놀라움을 여러 번 체험하게 됩니다. 주님께서는 이렇게 우리를 사랑한다는 것을 글로써, 우리 주변 사람들의 생생한 증언으로도 알려 주십니다.

우리가 코로나 사태로 힘들어 했을 때, '왜 주님께

서 어서 도와주시지 않을까' 하고 그분께 불평과 원망을 할 수도 있었습니다. 그러나 우리를 극진히 아끼고 사랑하시는 주님께서는 언제나 우리와 함께하시고 우리에게 힘을 주십니다.

시편 저자는 우리에게 분명히 말합니다.

"곤경 속에서 내가 주님을 불렀더니 주님께서 응답하시고 나를 넓은 곳으로 이끄셨네"(시편 118,5).

주님께서는 당신의 사랑하는 자녀들의 고통 속에서의 울부짖음을 들으시고 당신께서 가장 좋은 것을 우리에게 주십니다. 그러한 주님께 우리의 온 마음을 맡겨 드리고 그분께만 희망을 둡시다.

🌿 함께 기도하시겠습니다.

 사랑의 주님, 언제나 저희와 함께해주심에 진심으로 감사드립니다.
 그러나 주님, 머리로는 주님께서 계신다고 생각하면서도 가끔은 의심하면서 제 판단에만 의지한 적도 많았습니다.
 주님, 모든 힘을 써 봐도 주님이 계시지 않으면 저희는 아무것도 아님을 고백하게 됩니다.
 주님, 부족한 저희 믿음과 마음에 용기와 힘을 주소서.
 그래서 다시는 주님을 떠나지 않게 해 주시고 주님께서 주시는 힘만으로 충분하다는 것을 체험하고 증거하게 하소서.
 우리 주 그리스도를 통하여 비나이다. 아멘!

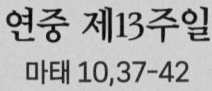

연중 제13주일
마태 10,37-42

제 십자가를 지고
나를 따르지 않는 사람도
나에게 합당하지 않다.

마태 10,38

🌿 예수님의 뒤를 따르는 삶은 어떠한 것일까요?

예수님은 이에 대해 사도들에게 결단의 삶을 요청하십니다. 그런 삶에 있어서 아버지와 어머니 그리고 아들이나 딸을 주님보다 더 사랑하는 사람은 당신에게 합당하지 않다고 말씀하십니다.

이 말씀은 사랑하고 아끼는 가족을 주님을 따르기 위해서 덜 사랑하라는 말씀일까요? 오히려 이 말씀은 주님께 대한 깊은 사랑 속에서 가족을 진정으로 사랑할 수 있고, 가족과 함께 주님을 사랑할 때, 가족 간의 사랑도 신앙 안에서 더 완성될 수 있다고 묵상됩니다.

또한 예수님의 이 말씀은 당신을 따르기 위해서 다른 무엇도 아닌 오직 '주님'을 선택하고 그분만을 섬기며, 그분을 따르는 삶으로 초대함을 의미하고 있습니다.

스위스 알프스 산맥의 어떤 봉우리에 누군가가 하얀 대리석으로 십자가를 하나 세워 놓았습니다. 그 십자가에는 '오직 예수'라고 하는 글귀가 새겨져 있습니다.

옛날 어떤 사람이 사랑하는 가족들과 함께 여름철 휴가를 즐기기 위해서 스위스를 방문하여, 사랑하는 딸과 함께 어느 알프스 산봉우리를 오르게 되었습니다. 그런데 거의 다 올라갔을 때 그의 사랑하는 딸이 그만 실족해 버리고 말았습니다.

그 아버지는 큰 충격과 함께 깊은 고통 속에서 몸부림을 쳤습니다. 그는 돈을 많이 소유하고 있었고 높은 지위도 갖고 있었지만 그에게는 아무런 힘과 위로가 되지 못했습니다. 그가 이렇듯 고통 속에서 몸부림치고 있을 때 그에게 참된 위로가 되고 그에게 새 힘을 공급해 주신 분은 오직 한 분, 예수님밖에 없었습니다.

그래서 그는 주님의 은혜가 너무나 고맙고 놀라워서 사랑하는 딸이 떨어진 그곳에 하얀 대리석으로 십자가를 세웠고 '오직 예수'라고 하는 글귀를 그 십자가에 적었습니다. 그는 예수님만이 우리의 소망이요, 위로가 되시며, 우리에게 새 힘을 주시는 분이라고 하는 사실을 모든 사람에게 알리고 싶었던 것입니다.[9]

많은 것을 소유한 사람에게 자칫 예수님을 받아들이고 그분을 모시고 따르는 일은 쉽지 않을 수 있습니다. 그러나 그는 사랑하는 딸을 잃고 자신의 아픈 마음을 이해해 주고 진정한 위로를 주었으며, 앞으로 살아갈 힘을 주시는 분이 예수님이라는 사실을 깊이 깨닫게 되었습니다.

그는 그런 깨달음을 통해 주님께 대한 신심이 불타

오르는 것을 체험하게 되었고, 하얀 대리석으로 만든 십자가와 그것에 새긴 '오직 예수'라는 글귀로 자기 삶을 맡기고 따라야 할 확실한 분을 찾게 된 것입니다.

예수님께서는 당신 뒤를 따르는 선택을 우리에게 말씀하시고 계십니다. 하지만 그분께서는 그 선택으로 하여금 우리가 고통만을 인내하면서 걷게 하진 않으십니다. 오히려 누구보다 우리의 위로가 되어 주시며, 곁에서 우리와 함께 십자가의 길을 걷고 계십니다.

우리는 주님과 함께 걷는 이 길에서 주님께서 주시는 구원의 선물을 분명히 얻게 될 것입니다.

🌿 함께 기도하시겠습니다.

 위로의 주님, 언제나 저희에게 당신의 사랑과 위로를 주심에 감사드립니다.
 주님, 당신을 따르며 사는 길이 행복과 구원의 길임을 알게 해 주심에 감사드립니다.
 하지만 주님, 당신을 따르는 길이 쉽지만은 않아, 때로는 편안한 길로 가고 싶은 유혹과 저희의 십자가를 외면할 때도 많았습니다.
 주님, 저희의 부족한 믿음을 다시금 불타오르게 하시고, 당신께서 주시는 진한 사랑을 깊이 깨달아 기쁘게 당신을 따르게 하소서.
 우리 주 예수 그리스도를 통하여 비나이다. 아멘!

연중 제14주일
마태 11,25-30

> 아버지, 하늘과 땅의 주님,
> 지혜롭다는 자들과
> 슬기롭다는 자들에게는
> 이것을 감추시고
> 철부지들에게는 드러내 보이시니,
> 아버지께 감사드립니다.
>
> 마태 11,25

🌱 "주님을 알기 위해서는 어떠한 노력을 해야 할까요?" 특강을 하러 곳곳에 돌아다니며, 주님에 대해서 이같이 사람들에게 질문을 던집니다.

사람들은 곰곰이 생각하면서 본인이 생각하거나 체험한 하느님에 대해서 말하곤 합니다. 그런데 조금 더 나아가 '지금 자기 안에 살아 계시는 주님'에 대해서 질문을 던지면 강의를 듣는 사람들은 조금 머뭇거리기도 합니다.

특강을 진행하면서 일방적인 소통보다는 듣는 사람들도 함께 참여하는 것을 선호하여, 질문을 던지고 개별적으로 자신의 삶에 대해 생각할 시간을 드린 후 옆 사람 혹은 전체 안에서 해당 주제에 대해서 나눕니다.

이번 특강의 질문 주제는 '나는 언제 예수님을 나의 주님이시라고 처음으로 고백했나요?'였습니다.

질문에 대한 전체 나눔에서 한두 분 정도가 먼저 운을 띄운 다음, 조용히 손을 드는 분들이 있었습니다. 그중 어떤 분은 떨리는 음성으로 이런 발표를 어느 곳에서도 쉽게 하시지 못했지만, 그 순간만큼은 자기 안에서 힘을 주시는 이끎에 도저히 손을 들지 않을 수가 없었다고 말씀하셨습니다.

이렇게 조용히 손을 들었던 자매님과 형제님께서

는 신앙생활에서 겪었던 어려움 속에서 주님을 만나 자신이 회개하고 변화했던 체험을 많은 사람 앞에서 발표했습니다.

처음에는 본인도 그저 평범한 교우들처럼 주일 미사에 빠지지 않고 그럭저럭 신앙생활을 한 사람이었다고 합니다. 그러나 삶의 여러 우여곡절을 겪으면서 주님께 더욱더 의지하게 되었고 그분께 열렬히 기도할 수밖에 없었다고 합니다. 그러면서 주님께서 자기 안에 함께하심을 체험할 수 있었고 그분께서 알게 해 주시는 것을 깨달으면서, '예수님께서 나의 주님'이심을 고백할 수 있었다고 말했습니다.

그 후 어려운 일이 생길 때와 사랑과 용서를 실천할 일이 있었을 때, 본인의 힘으로 해결할 때보다 주님께서 지혜와 힘을 주셔서 그 일을 더 잘 해낼 수 있었고 성당의 봉사활동에도 적극적으로 참여하게 되었다고 합니다.

저는 이렇게 발표하시는 분들을 보면서 이미 그분들 안에서 말씀하시는 성령을 체험할 수 있었고 주님께 감사를 드리지 않을 수 없었습니다. 주님 사랑에 대해 열렬히 고백하시는 분들은 하나같이 확신에 찬 음성과 밝은 눈빛 그리고 가슴속에 큰 기쁨을 간직하고 있었습니다.

그러면서 '이분들이야말로 진정으로 주님을 아는 이들이고 주님을 주님으로 모시고 사는 이들이구나!' 하는 마음을 갖게 되었습니다. 많은 열심한 형제자매님들에게 주님께서는 당신을 분명히 드러내심을 체험하게 됩니다.

또한 주님께서는 단순히 당신에 대한 많은 지식을 가지고 있는 이들보다 그저 평범하게 당신을 따르면서, 당신께서 주신 사랑의 계명을 성실히 실천한 이들에게 당신의 존재와 사랑을 느낄 수 있는 영광을 주심을 확신하게 됩니다. 이렇듯 주님께서는 당신을 주님으로 받아들이고 겸손하게 당신 뜻대로 살아가는 이들을 사랑하시며 당신을 드러내 보이십니다.

🌿 함께 기도하시겠습니다.

 지혜의 주님, 당신을 아는 것에 저희의 기쁨이 있음을 고백합니다.
 주님, 부족한 저희에게 당신을 드러내 주시고 알게 해 주셔서 감사드립니다.
 하지만 주님, 때로는 당신을 안다고 말하면서도 저희 삶의 중심에 당신을 모시지 못할 때도 많았습니다.
 주님, 진정으로 당신을 아는 것이 저희 삶에 당신을 주인으로 모시며 사는 것임을 깨닫게 하소서.
 그리하여 저희 마음 안에서 진정으로 살아 계신 당신을 주님으로 고백하게 하소서.
 우리 주 예수 그리스도를 통하여 비나이다. 아멘!

연중 제15주일
마태 13,1-23

그러나 어떤 것들은 좋은 땅에
떨어져 열매를 맺었는데,
어떤 것은 백 배,
어떤 것은 예순 배,
어떤 것은 서른 배가 되었다.

마태 13,8

🌱 우리는 주님의 말씀을 어떠한 마음으로 받아들이고 있습니까? 또 그 말씀을 어떻게 간직하며 살아가고 있나요?

어떤 사람에게는 주님의 말씀이 아주 귀한 말씀으로 다가와 그 말씀을 소중하게 간직하며 살아갈 수 있을 것이고, 또 어떤 사람에게는 그냥 좋은 말씀으로만 여겨져 자기 안에서 뿌리내리는 일에는 소홀할 수 있습니다.

여기 한 남자가 있습니다. 그는 알코올에 중독되어 비참한 삶을 살면서 열심한 신자인 아내가 건네는 주님의 말씀에 별 흥미를 갖지 못하고, 오히려 그 말씀을 소중히 여기는 아내의 모습을 비웃기 일쑤였습니다.

하루는 남편이 또 만취해 집에 돌아와 자기 아내의 손에 든 성경을 빼앗아 난로 속에 던져 버리면서 "보자, 네 성경이 뭐가 될지."라고 아내에게 말했습니다.

다음 날 아침 남편은 남은 재를 치우다가 타다 남은 성경 몇 쪽을 보게 되었습니다. 그중 예수님의 말씀이 눈에 들어왔습니다.

"하늘과 땅은 사라질지라도 내 말은 결코 사라지지 않는다"(마태 24,35).

그는 이 구절을 읽고 깜짝 놀랐습니다. 성령께서 그

경험을 사용하신 것입니다. 그는 그 순간 죄책감을 강하게 느꼈고 결국 그의 영혼은 구원의 믿음을 얻게 되었습니다.[10]

주님 말씀의 힘을 체험하지 못하고, 오히려 성경을 통해 신앙을 얻은 아내를 비웃은 남편은 교만한 자기 행동 후에 드러난 하느님의 능력으로 말씀을 받아들이게 됩니다. 이처럼 주님의 말씀은 영원하며, 가장 강력하고 인간을 구원으로 이끄는 생명의 말씀임을 체험하게 됩니다.

그러나 주님의 말씀을 생명의 말씀으로 받아들이고 간직하며, 그 말씀을 통해 열매를 맺는 삶은 생각처럼 단순한 일이 아닙니다.

예수님께서 비유를 통해 말씀하신 것처럼 우리 마음에서 주님 말씀이 뿌리내리지 못하게 방해하는 갖가지 유혹에 쉽게 무너지는 우리를 만날 수 있습니다. 또한 주님 말씀을 듣고 그 말씀으로 큰 힘을 얻어 기쁜 신앙생활을 하더라도 삶의 걱정과 고통 앞에 무력해지는 우리 자신을 발견하기도 합니다.

따라서 우리가 예수님 말씀처럼 열매 맺는 삶을 살기 위해서는 주님 말씀을 우리 안에 간직하는 굳은 각오와 끊임없는 노력이 필요합니다.

진정 그렇게 우리가 주님의 말씀을 소중히 여기고

목숨처럼 아끼고 그 말씀을 우리 안에 품고 살아간다면, 주님께서 우리에게 얼마나 많은 열매를 맺게 해 주실까요?

주님의 말씀을 우리의 생명처럼 소중히 여기고 그 말씀을 간직하며, 열매 맺는 사람에게 주님께서는 지상뿐만 아니라 천상의 은총을 선물로 듬뿍 주실 것이라 믿습니다. 삶의 힘겨움 가운데에서도 주님께서 우리 마음을 꼭 붙잡아 주심을 믿고 주님께 힘차게 나아갑시다.

🌿 함께 기도하시겠습니다.

 자비의 주님, 당신의 말씀을 저희에게 내려 주심에 감사드립니다.
 주님, 부족한 저희가 당신의 말씀을 듣고 당신을 알아뵈오며, 당신을 느끼게 해 주심에 감사드립니다.
 주님, 하지만 귀한 당신의 말씀을 간직하며 살아가면서도 세상 걱정과 유혹 속에서 방황하고 당신께 대한 굳은 믿음이 약해질 때도 많았습니다.
 주님, 저희 마음속에 당신 성령을 충만히 내려 주시어, 당신께서 저희와 언제나 함께하심을 느끼고 당신 말씀이 이끌어 주시는 대로 힘차게 살아가게 하소서.
 우리 주 예수 그리스도를 통하여 비나이다. 아멘!

연중 제16주일
마태 13,24-43

> 수확 때까지 둘 다 함께
> 자라도록 내버려두어라.
> 수확 때에 내가 일꾼들에게,
> 먼저 가라지를 거두어서
> 단으로 묶어 태워 버리고
> 밀은 내 곳간으로
> 모아들이라고 하겠다.
>
> 마태 13,30

🌱 오늘 예수님께서 말씀하신 가라지의 비유(마태 13,24-30 참조)를 보게 되면, 심판 때에 확실히 식별되고 구분될 의인과 악인에 대한 심판과 처벌은 물론이고, 수확 때까지, 곧 심판 때까지 밀과 가라지가 '함께 자라도록 내버려두라'는 주인의 태도가 강조됨을 살펴볼 수 있습니다.

우리는 이런 주인의 태도와 판단에 궁금증을 두면서 다음과 같이 물을 수 있습니다.

'주님께서는 세상을 선으로 창조하셨지만, 왜 악이 활동하는 것을 가만히 보고만 계실까요?' 혹은 '세상에서 의인과 악인이 섞여 있는데도 속 시원한 설명과 악인에 대해 즉각적인 처벌을 하지 않는 이유가 무엇일까요?'

그러나 오늘 복음을 잘 살펴보면, 하느님의 섬세한 배려와 죄인의 회개에 대한 끊임없는 인내를 통한 주님의 자비를 묵상하게 됩니다.

"수확 때까지 둘 다 함께 자라도록 내버려두어라." (마태 13,30) 하고 말씀하신 주님의 의도를 묵상해 보면, 앞으로 닥쳐올 최후의 심판 날에 분명히 의인과 악인은 구별될 것이고, 또한 그날에는 심판이 이어지며 자신이 행한 것에 따라 보상이나 처벌이 있을 것이라는 전제가 있습니다.

이것은 그때까지 세상과 교회에는 선인과 악인이 공존하게 될 것인데, 하느님께서 악의 활동을 그저 방관하시는 것이 아니라, "둘 다 함께 자라도록 내버려두어라."라는 말씀처럼 악인이 회개하여 의인이 될 수 있도록 주님께서는 인내하시며, 그들에게 회개의 기회를 주시기 위해 당신의 자비를 베푸시는 것으로 묵상됩니다.

이런 묵상을 하면서 자연스레 베드로 사도의 서간 한 구절이 떠오르게 되었습니다.

"어떤 이들은 미루신다고 생각하지만 주님께서는 약속을 미루지 않으십니다. 오히려 여러분을 위하여 참고 기다리시는 것입니다. 아무도 멸망하지 않고 모두 회개하기를 바라시기 때문입니다"(2베드 3,9).

"그리고 우리 주님께서 참고 기다리시는 것을 구원의 기회로 생각하십시오"(2베드 3,15).

베드로서를 통해 듣게 된 하느님은 인간을 벌하시기 위해 계시는 분이 아니라 죄를 지어 당신과 떨어져 있어도 언제든 마음을 잡아 회개하여 다시금 당신께 돌아오는 이들을 구원해 주시는 자비의 아버지임을 깨닫게 합니다.

우리는 모두 주님의 자비를 바라고 주님의 은총으로 구원을 얻는 죄인입니다. 주님께서 우리 죄를 헤아릴 때 당당하게 고개를 들 수 있는 사람은 거의 없을 것입니다. 오히려 오늘도 주님과 함께 주님 안에서 우리의 십자가를 지면서 주님께 겸손하게 나아가 주님의 자비를 구할 뿐입니다.

그리고 우리 공동체 안에서 우리를 힘겨워하게 하고 고통을 주는 형제가 있다면, 오늘 주님께서 우리의 회개를 인내하고 자비롭게 기다려 주듯이, 그 형제가 다시금 돌아오길 인내하면서 기도해야겠습니다.

우리가 그런 신앙의 태도를 가질 때 우리는 주님의 겸손을 배울 수 있고, 주님의 은총과 자비로 성화되는 우리를 주님께서는 심판 때에 당신 곳간에 꼭 모아들이실 것입니다.

🌿 함께 기도하시겠습니다.

 자비의 주님, 저희를 당신의 사랑으로 품어 주심에 감사드립니다.
 주님, 세상 끝 날까지 저희를 포함한 죄인들의 회개를 위해 인내하시고 자비를 베풀어 주심에 감사드립니다.
 그러나 주님, 아직도 당신의 자비를 불신하고 적극적으로 회개하려고 노력하지 않는 저희의 부족한 신앙을 용서해 주십시오.
 주님, 저희가 당신께서 저희를 아끼고 깊이 사랑하고 계심을 느끼며, 다시금 당신의 자비에 의탁하고 당신께 나아갈 수 있도록 저희를 이끌어 주소서.
 우리 주 예수 그리스도를 통하여 비나이다. 아멘!

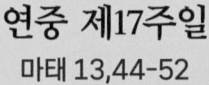

연중 제17주일
마태 13,44-52

그 보물을 발견한 사람은
그것을 다시 숨겨 두고서는
기뻐하며 돌아가서
가진 것을 다 팔아 그 밭을 산다.

마태 13,44

🌱 우리는 무엇에 가장 관심을 두면서 살아가고 있습니까? 사람에 따라서 건강, 출세, 부, 명예 등의 가치 비중을 많이 두기도 하고, 신앙 성숙도에 따라 하늘 나라와 복음, 영원한 생명에 대한 가치 비중을 많이 두기도 합니다.

그러면 나는 어디에 가치를 더 두고 살고 있나요?

오늘 복음에서 예수님께서는 하늘 나라를 '밭에 숨겨진 보물'과 '좋은 진주를 찾는 상인'을 통해 설명하십니다. 이 비유의 공통점은 하늘 나라는 이 세상 어느 것보다 가치 있고, 우리가 반드시 그 나라의 가치를 발견하며, 그곳으로 들어가기 위해 노력해야 한다는 점입니다.

물론 열심히 일상생활과 신앙생활을 하는 가운데서도 그 나라의 가치를 발견하는 기쁨을 얻을 수 있습니다. 그러나 중요한 것은 그 나라의 가치를 발견함에 감사하는 것에 머물러서는 안 된다는 것입니다. 오늘 복음에서 그 가치를 발견한 사람들의 공통적인 특징은 기뻐하며 자기가 가진 것을 다 팔아 그 보물을 얻기 위해 노력했다는 것입니다.

주님께서 하늘 나라가 있다는 사실을 우리에게 알려 주신 것은 은총이요 기적과 같은 것이라 묵상됩니다. 어느 누가 복음에 대해 우리에게 알려 주지 않았다면, 또 그 복음을 통해 우리가 주님을 만나지 못했다면, 우리는 하늘 나라에 대해서 쉽게 믿지 못했을 수도 있습니다.

그러나 성령께서는 우리가 당신 나라의 시민이 되는 것을 허락하시고 당신의 자녀로 부르셨습니다. 처음에 그분의 나라가 어떠한 나라인지도 몰랐지만, 성경과 전례를 통해 그리고 주님과 이웃 형제들과의 일치와 친교로 그 나라의 존재를 일깨워 주셨습니다. 과연 주님께서는 우리에게 그 나라가 분명히 존재함을 믿게 해 주셨고, 우리가 그 나라에서 세속과는 비교할 수 없는 영원한 행복을 누리길 원하셨습니다.

이제 우리에게 남은 것은 주님의 나라에 들어가기 위해 '우리가 가진 것을 잘 팔고 있느냐'에 대한 묵상과 실행에 있습니다. 하늘 나라에 대한 발견과 그로 인한 기쁨에 안주하고 있는 것만으로는 그 나라에 들어가기에 부족합니다. 주님께서는 그 나라에 들어가기 위해 온 힘을 다해 복음에 투신하길 우리에게 바라고 계십니다.

주님께서는 우리에게 당신께서 주시는 하늘 나라의 보물을 보고 찾길 원하십니다. 우리는 그 보물이 너무 가까이에 있는데도 자주 외면하기도 하고, 게으름과 교만으로 그 보물을 멀리하기도 합니다. 하지만 다시금 우리는 주님께로 마음을 돌려 그 약속의 보물을 꼭 발견합시다. 그 보물은 우리가 모든 것을 걸 만큼 중요하고 우리에게 주시는 하느님의 최고 선물이기 때문입니다.

  최고의 선물을 주시는 주님께 오늘도 감사드리며, 우리의 눈과 귀가 주님을 향하고 우리의 손과 발이 주님 나라에 들어가기 위해 최선을 다해 노력합시다.

🍃 함께 기도하시겠습니다.

 지혜의 주님, 오늘 저희에게 다시금 당신 나라가 최고의 보물임을 깨닫게 해 주심에 감사드립니다.
 하지만 주님, 아직 저희의 부족함으로 세속의 가치에 쉽게 유혹되어, 당신의 나라를 추구해야 한다는 것을 머리로만 받아들일 때가 많습니다.
 주님, 저희 마음을 성령으로 채워 주시어, 복음을 통해 하늘 나라가 우리 가운데 존재함을 깨닫게 하소서.
 그리하여 당신의 말씀을 굳게 믿고 충실히 따르며, 그 나라에 들어갈 수 있도록 저희를 이끌어 주소서.
 우리 주 예수 그리스도를 통하여 비나이다. 아멘!

연중 제18주일
마태 14,13-21

하늘을 우러러 찬미를
드리신 다음 빵을 떼어
제자들에게 주시니,
제자들이 그것을
군중에게 나누어 주었다.

마태 14,19

🌱 　예수님 주변에는 수많은 군중이 무리를 지어 있었습니다. 그분의 말씀과 기적들 때문에 그들은 도저히 다른 곳으로, 자기 자리로 돌아가기가 선뜻 결정되지 않았을지 모릅니다. 예수님의 가르침은 이제껏 들어 왔던 가르침보다 놀라웠고 다른 율법 학자들의 가르침보다 훨씬 더 권위가 있었던 것입니다.

　사실 그곳에 모인 무리는 시간과 돈이 풍족한 자들이 아니었을 것입니다. 대개 일용 노동자, 무직자, 환자들로 예수님 말씀으로 위로를 얻고 그분께 자신의 병을 치유받기 위해 모여든 자들이었습니다. 하지만 그들은 편안히 돌아갈 곳 없는 자들이었고, 여유롭게 자신들의 생계를 책임질 만한 능력도 없는 자들이었습니다.

　한편 지금 그들이 있는 장소는 한적한 광야로, 음식을 구할 장소가 마땅치 않았습니다. 제자들은 그들의 지침과 굶주림에 처해 있는 것을 보고 걱정을 하면서 예수님께 그들을 돌려보내 먹을 것을 사 먹게 하라고 말씀드렸던 것입니다.

　하지만 형편이 녹록지 않았던 그들에게 그러한 청원은 무책임한 것이었습니다. 제자들도 군중들의 상황을 알고 있었지만, 그들 역시 특별한 대책이 없었기 때문에 인간적인 해결책을 예수님께 말씀드렸던 것입니다.

이에 예수님께서는 제자들이 가진 한 사람의 식사 분량에 지나지 않았던 "빵 다섯 개와 물고기 두 마리를 손에 들고 하늘을 우러러 찬미를 드리신 다음"(마태 14,19) 빵을 떼어 제자들에게 주시고, 그들도 그것을 군중에게 나누어 주었습니다.

예수님께서는 당신을 따라 그곳까지 온 군중들의 굶주린 배를 놀라운 기적으로 채워 주십니다. 그들이 진정 모두 배불리 먹었고 그들이 먹고도 남아 열두 광주리에 가득 찼습니다. 이렇듯 빵이 남았다는 것은 그들이 배불리 먹었다는 것과 그렇게 그들을 아끼는 하느님의 사랑과 복이 얼마나 후한지를 알려 주고 있습니다.

예수님의 이러한 놀라운 기적에서 우리는 앞으로 펼쳐질 '최후의 만찬'(루카 22,14-20)의 모습을 미리 보게 됩니다. 주님께서는 언제나 우리의 육적, 영적 갈망을 깊이 느끼고 계십니다. 그래서 우리들이 먹을 수 있는 것으로 당신은 배부르게 하십니다.

오늘 오천 명을 먹이신 기적에서는 예수님께서 사람들의 육적인 배고픔을 채워 주셨지만, 깊게 들어가 보면 주님께서는 우리들의 영적인 굶주림을 충만하게 해 주시는 분으로 묵상됩니다.

우리는 자주 삶의 고달픔과 괴로움 그리고 도저히 혼자 이 삶을 살 수 없을 것 같은 두려움에 힘겨워합니다. 그리고 주님의 사랑으로 배고파하고 있습니다. 그러면 주님께 양식을 청하십시오. 주님만이 당신의 자비와 사랑으로 우리의 굶주림을 채워 주실 것입니다.

🌿 함께 기도하시겠습니다.

 자비의 주님, 저희에게 언제나 넘치는 사랑을 주심에 감사드립니다.
 주님, 비록 가진 것이 없어 힘겨워하고 많은 고통과 상처로 아파할 때도 당신은 언제나 저희와 함께하셨습니다.
 주님, 당신께서 주시는 자비와 은총으로 저희의 갈망은 어느덧 영적으로 충만하게 변화됩니다.
 주님, 저희도 당신 사랑 안에서 머물며, 항상 당신께 감사하고 이웃과도 이 은총을 나누며 살게 하소서.
 우리 주 그리스도를 통하여 비나이다. 아멘!

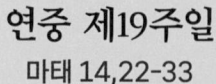

연중 제19주일
마태 14,22-33

용기를 내어라.
나다.
두려워하지 마라.

마태 14,27

예수님께서는 '오천 명을 먹이신 기적' 이후 제자들을 재촉하시어 배를 타고 호수 건너편으로 먼저 가게 하시고 군중도 돌려보내십니다. 제자들은 호수를 건너면서 맞바람이 불어 파도에 시달리게 됩니다.

그런 그들에게 예수님께서는 새벽에 호수 위를 걸으시어 그들 쪽으로 다가가셨습니다. 호수 위를 걸으시는 예수님을 보고 제자들은 겁에 질려 "유령이다!"(마태 14,26) 하며 소리를 지릅니다. 제자들은 그분이 주님이심을 정확히 분별하지 못했던 것입니다.

그러나 그런 그들에게 주님께서는 "나다."(마태 14,27) 하시며 그들을 안심시켜 주시고, 용기를 내고 두려워하지 말라고 그들에게 용기와 힘을 북돋아 주십니다.

믿음이 약해 의심을 한 베드로는 주님께서 "오너라."(마태 14,29) 하신 말씀에 몇 걸음 물 위를 걷는 듯했지만, '거센 바람'을 보고 두려운 마음이 들어 물에 빠지게 됩니다. 하지만 주님께서는 베드로에게 손을 내밀어 그를 붙잡으시고 물속에서 그를 구해 주시며, 안전한 배로 이끌어 주십니다.

오늘 복음에서 놀랍게 여겨지고 묵상할 부분은 거센 바람으로 파도가 쳐 배가 흔들리는 상황에서도 주님께서 함께하시면, 그 바람도 순한 양처럼 잠잠해진다는 것입니다.

사실 제자들이 타고 가던 배에 처음에는 예수님께서 함께 계시지 않았습니다. 오로지 그들 힘으로 호숫가를 건너게 되었습니다. 그 과정에서 거센 바람이 불고 그로 인하여 제자들은 파도에 시달리게 되었습니다.

그런 고통의 시간에 사투를 벌일 때 주님께서 그들에게 어느덧 함께하십니다. 그리고 그들에게 용기와 힘을 북돋아 주십니다. 이렇듯 주님께서 함께 계실 때, 우리의 근심 걱정은 주님께 모두 맡길 수 있고 그 안에서 평온함과 용기, 힘을 얻을 수 있습니다.

우리는 살면서 항상 기쁘고 행복한 순간만 우리 삶에 있다고 생각하지 않습니다. 오히려 괴롭고 고통스러운 순간들이 우리를 힘들게 하고 삶의 많은 일들을 기쁘게 해내지 못하게도 합니다.

그러나 그러한 어려움이 다가오고 고통 중에 있더라도 오로지 주님 말씀을 굳게 믿고 그분께만 희망을 얻는다면 그분의 은총으로 우리는 구원을, 생명을 얻을 수 있습니다. 그래서 주님께서는 우리가 이 은총을 얻기 위해서 당신께 대한 굳은 믿음을 갖도록 우리에게 바라고 계십니다.

고통의 순간이 찾아올 때 주님께서는 우리의 힘든 사정을 절대로 외면하지 않으십니다. 그 순간에 주님께서 우리를 위해, 우리와 함께 아파하시고 우리 마음속에서 함께 기도하며 힘과 용기를 불어넣어 주십니다. 언제나 사랑으로 우리를 다시 일으켜 주시는 주님께 희망하며, '임마누엘' 하느님을 꼭 기억합시다.

🌿 함께 기도하시겠습니다.

 사랑의 주님, 언제나 저희와 함께해 주심에 감사드립니다.
 주님, 저희의 작은 소리 하나도 귀담아 주시고 저희의 작은 바람도 꼭 기억해 주시니 감사드립니다.
 주님, 특히 저희가 고통 중에 당신을 부를 때, "나 여기 있다."(이사 58,9) 하시며 누구보다 저희의 편이 되어 주셔서 위로와 용기를 주심에 감사드립니다.
 주님, 저희는 당신이 함께하시는 이 인생의 길에서 당신만이 오직 저희를 구원하시는 주님으로 굳게 믿습니다.
 우리 주 예수 그리스도를 통하여 비나이다. 아멘!

연중 제20주일
마태 15,21-28

> 주님, 그렇습니다. 그러나 강아지들도 주인의 상에서 떨어지는 부스러기는 먹습니다.
>
> 마태 15,27

🌱 어느 날 호되게 마귀가 들린 딸을 둔 어떤 가나안 부인이 유다 지방에서 온 예수님에 관한 소식을 듣게 됩니다. 그녀는 비록 자신이 유다인도 아니고 이방인이었지만, 예수님을 "다윗의 자손이신 주님"(마태 15,22)이시라 말하며, 그분께 자비를 베풀어 달라고 소리칩니다. 하지만 예수님께서는 한마디도 대답하지 않으십니다.

마지막으로 여인은 "자녀들의 빵을 집어 강아지들에게 던져 주는 것은 좋지 않다."(마태 15,26) 하고 말씀하시는 예수님 앞에 자신의 모든 것을 내려놓고 다음과 같이 결정적인 말씀을 드립니다.

"주님, 그렇습니다. 그러나 강아지들도 주인의 상에서 떨어지는 부스러기는 먹습니다"(마태 15,27).

그러면 예수님께서는 왜 한시가 급한 여인의 청을 다른 치유의 때와는 달리 쉽게 들어주지 않으신 걸까요? 단순히 그 여인이 이방인이라서 그러하신 것일까요? 그런 것이 아니라면 예수님께서는 여인의 청을 들어주시기 위해서 그녀에게 특별히 바라고 계시는 것이 있어서일까요?

예수님께서는 유다인과는 달리 주님께 대한 믿음이 없던 이방인인 그 여인에게 그녀의 딸을 치유하는 것보다 더 중요한 것을 일깨워 주십니다.

이것은 단순히 마귀 들린 사람을 치유할 때, 치유의 사건으로 그칠 수 있는 것보다 더 큰 것을 바라고 계시는 예수님의 의중이 들어 있는 것으로 여겨집니다.

예수님께서는 주님께 대한 믿음이 없던 그녀에게 다른 복음에서 보여 주시는 다정한 모습과는 달리 처음에는 다소 냉정한 모습으로 대하십니다. 하지만 그녀는 예수님의 이러한 말씀에도 꿋꿋하게 주님께 다가가며, 자신의 모든 것을 내려놓고 그분께 대한 믿음을 키워 가게 됩니다.

예수님께서는 이런 과정 속에서 그녀가 예수님께서 어떤 분인지에 대한 눈을 뜨게 해 주시고 그분을 받아들이기 위한 초대를 통해 훈련을 하셨다고 묵상됩니다.

예수님께서는 그녀에게 단지 그녀의 딸을 치유하는 것에 그치는 것이 아니라, 예수님께 대한 그녀의 믿음을 굳세게 하여 구원의 길로 이끌고자 하심이었습니다. 또한 이것은 구원의 길과 그 소식이 유다인들에게만 전해지는 것이 아니라 이방인들에게도 그 길이 열리게 됨을 의미합니다.

예수님께서는 자신의 모든 자존심이 무너지고 그 앞에는 주님과 자신밖에 없는 것을 온전히 느끼는 그녀에게 진정한 믿음의 길을 걸어갈 수 있도록 안내하신 것입니다. 믿음이 없던 그녀가 예수님을 만나게 되면서 진정한 믿음을 얻게 되는 감격스러운 순간입니다.

또한 그 순간에 그녀는 그렇게 간절히 바랐던 자기 딸이 예수님 말씀으로 하여금 치유받게 된 것도 체험하게 됩니다. 이렇게 주님께 대한 굳은 믿음을 얻게 될 때, 주님께서 그렇게 기뻐하시는 것을 우리는 꼭 기억해야 할 것입니다.

이것은 우리가 주님께 대한 온전한 믿음을 가지고 그분께만 굳게 의탁하고 생활할 때, 우리의 믿음을 보시고 기뻐하시며 우리에게도 말씀하시는 주님의 말씀이기 때문입니다.

🌿 함께 기도하시겠습니다.

 사랑의 주님, 저희를 당신의 자비와 사랑으로 이끌어 주심에 감사드립니다.
 주님, 믿음이 없던 가나안 여인에게 당신께서는 믿음을 얻을 수 있도록 초대하셨습니다.
 주님, 당신께 대한 진정한 믿음을 얻기 위해서는 저희의 모든 것을 온전히 내려놓고 오로지 당신만을 바라보고 의탁해야 함을 오늘 일깨워 주셨습니다.
 주님, 아직 저희에게는 움켜쥐고 싶고 내려놓아야 할 것을 포기하지 못하는 욕심이 많습니다.
 주님, 저희에게도 당신만 바라보며, 온전히 당신께 믿음을 둘 수 있는 용기와 지혜를 허락하소서.
 우리 주 예수 그리스도를 통하여 비나이다. 아멘!

연중 제21주일
마태 16,13-20

너는 행복하다!
살과 피가 아니라 하늘에 계신
내 아버지께서 그것을 너에게
알려 주셨기 때문이다.

마태 16,17

예수님은 제자들에게 중요하고 진지한 질문을 던지십니다.

"그러면 너희는 나를 누구라고 하느냐?"(마태 16,15)

이 질문은 지금껏 예수님 옆에서 그분의 말씀과 행동을 보고 과연 그분을 어떻게 생각하고 있는지에 대한 중요한 질문이었습니다. 예수님의 이런 질문에 시몬 베드로는 정확한 대답을 합니다.

"스승님은 살아 계신 하느님의 아드님 그리스도이십니다"(마태 16,16).

예수님은 이런 베드로의 대답에 "시몬 바르요나야, 너는 행복하다! 살과 피가 아니라 하늘에 계신 내 아버지께서 그것을 너에게 알려 주셨기 때문이다."(마태 16,17) 하고 말씀하십니다.

예수님은 베드로가 그렇게 예수님에 대해 답변 곧 고백할 수 있는 것이 '복되다' 하고 말씀하십니다. 그 이유는 다음 문장에 소개됩니다. 베드로가 그렇게 예수님에 대해 고백할 수 있는 이유는 그것이 단순히 베드로의 인간적인 생각에서 나온 것이 아니라 하늘에 계신 하느님께서 예수님께서 '그리스도'라는 사실을 알려 주셨기 때문입니다.

우리는 이 대목에서 바오로 사도가 한 말을 떠올릴 수 있습니다.

"성령에 힘입지 않고서는 아무도 '예수님은 주님이시다.' 할 수 없습니다"(1코린 12,3).

사랑하는 동생과 저는 적어도 일주일에 한 번 정도는 통화를 합니다. 아주 바쁜 일정이 아니면 하던 것을 잠시 멈추고 동생과 대화합니다.

저희 형제의 대화는 여느 형제들의 대화하는 시간과는 조금 다릅니다. 일단 대화를 시작했다 하면 적게는 30분, 보통은 한 시간 통화할 때도 많습니다. 그러면 무슨 대화를 그렇게 할까요?

처음에는 서로의 안부를 물어보고 일상적인 대화를 진행하다가 자연스럽게 사목에 대해서 대화를 이어 나갈 때가 많습니다. 그리고 무엇보다 사목의 핵심이 '말씀 중심'으로 이어져야 한다는 것과 그에 따라 성직자와 신자 모두가 그 말씀을 충실히 살아가야 하는 것에 초점이 맞춰져 있습니다.

대화에서 특별한 것은 주일 복음, 곧 예수님에 대해 대화를 진행할 때 성령께서 함께하심을 느낄 수 있고, 저희 형제가 감히 생각하지 못하는 깊숙한 곳까지 주님께서 데려가 주신다는 것입니다.

저희는 그러한 의도로 대화를 시작한 것은 아니지만 주님께서는 당신에 대해 대화할 때 '조용한 손님처럼' 꼭 함께하신다는 것입니다. 그러고는 어느덧 저의 머리와 마음속에서 당신도 함께 대화하는 '친구'로 계심을 느낄 수 있습니다.

이런 시간을 동생과 갖다 보면, 대화 끝에 기쁨과 깨달음을 느낄 때가 많았고, 예수님 때문에 더 기쁘고 열심히 살고 싶은 마음이 솟아오름도 느낄 수가 있었습니다.

예수님께서는 당신을 주님으로, 그리스도로, 우리를 구원해 주시는 구원자로 고백하는 이들을 사랑하십니다. 그리고 주님께서는 그렇게 고백하는 사람 안에서 성령이 함께하심을 깨닫게 해 주시고, 그 사람이 복되다 일깨워 주시며 다음과 같이 말씀해 주실 것입니다.

"나를 받아들이고, 나를 주님이라 고백하는 너희는 행복하다! 너희 곁에 하늘 나라가 가까이 있기 때문이다."

🌿 함께 기도하시겠습니다.

 사랑의 주님, 언제나 저희에게 당신의 사랑을 충만히 주심에 감사드립니다.
 주님, 부족한 저희에게 당신은 때로는 조용히, 하지만 깊숙이 저희 마음에 다가오셨습니다.
 주님, 인간의 머리로 당신을 온전히 이해할 수 없지만, 당신께서는 저희가 당신을 주님으로 모시게 해 주셨습니다.
 주님, 저희 마음에 당신을 느끼고, 저희 입이 당신을 주님으로 고백하게 해 주심에 감사드립니다. 언제나 열렬한 마음으로 당신을 '저희 주님'으로 고백하고 따르게 하소서.
 우리 주 예수 그리스도를 통하여 비나이다. 아멘!

연중 제22주일
마태 16,21-27

> 누구든지 내 뒤를 따라오려면,
> 자신을 버리고 제 십자가를 지고
> 나를 따라야 한다.
>
> 마태 16,24

🌱 오늘 예수님께서는 베드로를 포함한 다른 제자들에게 당신을 따르기 위해서는 "자신을 버리고 제 십자가를 지고 나를 따라야 한다."(마태 16,24) 하고 말씀하십니다. 예수님의 가르침은 길지 않지만 매우 깊이 있고 도전적이며, 결단을 요구하는 가르침입니다.

주님을 따르기 위한 길은 '누구에게나' 열려 있습니다. 하지만 그렇게 주님으로 고백하며 그분의 길을 따르기를 원하는 사람에게는 다음과 같은 조건이 있습니다. 바로 '자신을 버리는' 용기와 결단이 필요합니다.

베드로는 예수님을 붙들고 반박할 때 예수님께 사람의 일만 생각한다고 들었습니다. 그런 이유는 그렇게 말하는 사람 중심에 아직 하느님을 깊이 모시지 못하는 현상 속에서 비롯된다고 묵상됩니다. 그래서 주님께서 원하시는 생각과 판단을 내리기 위해서는 바로 주님께서 우리 중심에 계셔야 한다는 것입니다.

사실 '자신을 버린다'는 것은 자기의 의지와 판단 그리고 행동을 자기중심적으로 한다는 것이 아니라, 주님을 자기중심에 깊이 모셔 두고 그분의 뜻을 경청하는 데에서 이루어진다고 묵상됩니다.

과연 우리 중심에 주님께서 함께하시게 된다면, "무엇이 하느님의 뜻인지, 무엇이 선하고 무엇이 하느님 마음에 들며 무엇이 완전한 것인지 분별할 수 있게"(로마 12,2) 될 것입니다.

특히 우리는 주님 안에서 우리 스스로를 버리고 주님을 중심에 모시는 삶을 살아갈 때, 우리가 지고 갈 십자가를 식별할 수 있습니다. 또한 주님과 함께라면 주님께서 주시는 구원을 향해 나아가면서, 자기 십자가를 기꺼이 지고 주님을 따라갈 수 있습니다.

보통은 십자가를 지고 가는 삶 속에서 지치고 힘들어서 쉽게 지고 갈 수 없기도 합니다. 심지어 십자가를 외면하는 삶을 살 때도 많이 있습니다. 하지만 주님께서 주시는 영원한 생명, 곧 구원을 얻기 위해서는 십자가를 지는 오늘 삶도 최선을 다해야 합니다.

그러나 주님께서는 우리에게 단순히 고통만을 강요하지는 않습니다. 주님께서 먼저 당신의 십자가를 지고 우리보다 앞장서 그 길을 가셨기 때문에 그 고통이 얼마나 큰지 잘 알고 계십니다.

그래서 우리가 십자가의 길을 걸어가는 고통에 당신께서 언제나 함께하시길 원하십니다. 왜냐하면 주님께서는 우리가 당신 없이 십자가를 지는 고통 속에서 힘겨워하는 것을 바라지 않으시기 때문입니다.

오히려 우리가 힘껏 주님 이름을 부르며, 당신과 함께 이 길을 끝까지 걸어갈 힘을 달라고 기도하길 원하십니다. 주님께서는 우리가 당신 이름을 부르며, 당신 이름에 희망을 품고 있는 사람임을 잘 알고 계십니다. 그리고 자신을 버리고 십자가를 지고 가는 삶이 매우 힘겹고 고통스러운 것도 잘 아십니다.

그러나 언제나 우리 안에 주님을 모시고 그분과 함께한다면 그 삶은 축복된 삶이요, 구원받는 희망의 삶임을 주님께서는 확신하게 해 주십니다.

🌿 함께 기도하시겠습니다.

 희망의 주님, 저희가 당신의 이름을 알게 해 주심에 감사드립니다.
 주님, 세상의 다른 무엇에서도 당신께서 주시는 '구원의 선물'을 찾을 수가 없습니다.
 하지만 주님, 당신을 따르는 길은 저희에게 쉽지만은 않습니다.
 특히, '자신을 버리고', '제 십자가를 받아들이며 끊임없이 지고 가는 삶'은 때로는 너무나 고통스러울 때가 많습니다.
 주님, 저희는 약하고 욕심 때문에 쉽게 쓰러지지만, 끝까지 주님만을 바라보며 주님과 함께 구원을 향한 십자가의 길을 걸어가게 하소서.
 우리 주 예수 그리스도를 통하여 비나이다. 아멘!

연중 제23주일
마태 18,15-20

네 형제가 너에게 죄를 짓거든,
가서 단둘이 만나 그를 타일러라.
그가 네 말을 들으면
네가 그 형제를 얻은 것이다.

마태 18,15

🌱 예수님께서는 오늘 제자들에게 공동체 안에서 누가 죄를 지을 경우, 그 문제를 어떻게 풀어 가야 하는지를 알려 주십니다. 구체적으로 다음의 네 단계의 조치를 취하라고 지시하십니다.

첫째, 개인적으로 찾아가 그에게 잘못을 지적하여 고쳐 주라.

둘째, 두세 사람이 그에게 잘못을 고치도록 권고하라.

셋째, 잘못을 저지르는 형제나 자매가 두세 사람의 말도 듣지 않으면 지역 교회에 알리라.

넷째, 교회의 말도 듣지 않으면 그를 이방인이나 세리, 즉 죄인으로 간주하라.

우리는 예수님께서 알려 주신 이러한 조치를 생각해 보면서, '주님께서 죄지은 형제에게 진정으로 바라시는 것이 무엇일까?'라는 물음과 함께 에제키엘 예언서를 통해 묵상하게 됩니다.

"내가 정말 기뻐하는 것이 악인의 죽음이겠느냐? […] 악인이 자기가 걸어온 길을 버리고 돌아서서 사는 것이 아니겠느냐?"(에제 18,23)

주님께서 이러한 조치를 통해 말씀하시고 싶은 것은 단순히 죄지은 형제나 자매를 법적인 절차로 다루는 것이 아니라고 묵상됩니다. 오히려 이런 여러 단계를 통해 공동체가 그 형제나 자매의 잘못을 객관적이고 깊이 있게 접근하는 법을 알게 해 주면서, 죄지은 그들에게 공동체를 통해 사랑과 구원으로 이끄시는 하느님의 마음을 느끼게 해 주는 것이라 묵상됩니다.

또한 이 과정에서 필요한 시간과 갖가지 공동체적 노력을 통해 죄지은 이와 공동체가 함께 주님 안에서 성숙한 신앙 공동체, 회개하고 쇄신하는 공동체로 거듭날 것을 주님께서는 원하신다고 믿습니다.

주님께서는 이렇게 회개하여 주님 마음에 드는 사람으로 거듭나는 죄지은 사람과 그 공동체에게 "자기가 저지른 모든 죄악을 생각하고 그 죄악에서 돌아서면, 그는 죽지 않고 반드시 살 것이다"(에제 18,28) 하고 말씀하실 것입니다.

그래서 단순히 죄지은 형제나 자매에게뿐만 아니라 그 공동체 안에서도 쉽게 죄인에게 저지를 수 있는 판단과 선입관, 그에 따른 끊임없는 험담 등이 난무하는 사태로 이끄는 것은 절대 하느님께서 원하시는 공동체의 모습이 아닙니다.

오히려 그 공동체가 악이 원하는 분열과 시기심, 분쟁 등에 사로잡혀 있지 않고 주님께서 주시는 "새 마음과 새 영"(에제 18,31)을 갖추어야 할 것입니다. 특히 예수님께서는 그 방법을 공동체가 '마음을 모으고 주님께 간절히 청하는 것'(마태 18,19 참조)으로 말씀하셨습니다.

주님께서는 하느님 안에서 겸손하게 그분 말씀을 듣고 그분 뜻을 기도 안에서 얻으려 하는 공동체에 이미 그들과 함께하시며, 그들이 아프고 힘든 부분들을 헤아려 주십니다. 또한 공동체에 당신께서 주시는 큰 위로와 문제를 해결해 나갈 지혜를 분명히 주십니다. 이런 주님의 놀라운 섭리와 은총에 공동체가 갖추어야 하는 것은 주님께 기도하면서 하나가 되려는 마음입니다.

주님께서는 이런 복된 과정에서 죄인 한 사람 한 사람의 회개를 원하시며, 더 나아가 공동체가 당신께서 원하시는 사랑의 공동체로 거듭나고 구원받는 공동체로 나아가길 간절히 원하십니다.

🍃 함께 기도하시겠습니다.

 자비의 주님, 언제나 저희를 당신 구원의 길로 이끌어 주심에 감사드립니다.
 주님, 당신은 공동체뿐만 아니라 죄인 한 사람 한 사람에게까지 당신 사랑을 아낌없이 보여 주셨습니다.
 하지만 주님, 저희는 저희에게 잘못한 형제나 자매를 이해하고 용서하기보다 그들을 쉽게 판단하고 그 죄를 험담하며, 그들과 거리 두는 일이 많았습니다.
 주님, 누구보다 저희를 아끼고 사랑해 주시는 당신 마음을 저희 안에 부어 주소서.
 그리하여, 저희에게 잘못한 형제들의 잘못을 용서하고 당신께서 원하시는 사랑의 공동체, 화해의 공동체로 거듭날 수 있도록 이끌어 주소서.
 우리 주 예수 그리스도를 통하여 비나이다. 아멘!

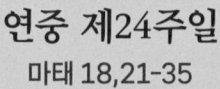

연중 제24주일
마태 18,21-35

일곱 번까지 해야 합니까?

마태 18,21

🌱 베드로 사도는 예수님께 용서에 관하여 물으면서, 그 횟수를 나름 일곱 번이라는 완벽의 숫자를 통해 그 질문에 알맞은 대답으로 접근합니다. 그러나 예수님께서는 무한한 하느님의 용서와 사랑을 기억하며, 그와 같이 자비로운 사람이 되어야 함을 일깨워 주십니다. 하지만 용서란 쉬운 일일까요?

나치 치하에서 호된 학정을 겪은 독일인 헬무트 틸리케는 나치 정권을 절대 용서할 수 없다며 다음과 같이 말했습니다.

"'좋아, 상대가 잘못을 알고 용서를 빌기만 한다면 다 용서하고 싸움을 끝내지.' […] 나는 언제나 용서할 준비가 되어 있다. 그러나 나는 절대 용서하지 않는다."

이와 같은 용서에 대한 생각은 비단 헬무트 틸리케만이 아닙니다. 우리도 '상대방이 공식적으로 사과하기 전에는 결코…' 하며 용서의 문을 걸어 잠그기도 하고, '당한 건 난데 왜 내가 먼저 용서를 해야 해?' 하며 꿈쩍하지 않기도 합니다.

그러나 이와 다른 이야기가 있습니다.

서울에서 조그만 보석상을 경영하던 박 형제님은 한순간에 모든 것을 잃어버린 사람이었습니다. 형제님은 가게에 침입하여 3억여 원 상당의 금은보석을

챙겨 달아나는 세 명의 범인을 뒤쫓다가, 그들의 자동차에 매달린 채 50m를 끌려가 머리를 크게 다쳐 식물인간 상태로 한 달 가까이 사경을 헤맸습니다.

그 후로 형제님은 의식을 되찾은 뒤에도 병원 신세를 져야 했고 반신불수와 언어 장애를 이겨 내야 했습니다.

범인은 그로부터 10개월 뒤에 또 다른 금은방을 털다가 검거되었고 이 소식을 들은 형제님은 분노로 몸을 떨었습니다. 그는 경찰에 출두해 범인과 처음 마주쳤을 때도 분노와 절망이 한꺼번에 밀어닥쳤지만, 그는 자신의 사건과 관련해 검찰에서 살인미수죄가 추가돼 그 범인에게 사형이 구형되면서 더욱 큰 심적 갈등에 휩싸였습니다.

그런데 신앙의 힘이었을까요? 그는 가난으로 16세에 집을 나와 범죄의 늪에 빠진 범인이 불쌍하다는 생각이 들어, 그를 면회하고 감형을 위한 탄원서를 법원에 제출했습니다.

그 후 법원에서는 범인에게 무기형을 선고했고 형제님은 계속 교도소를 찾았습니다. 형제님의 마음에 감화를 받은 범인은 속죄하는 마음을 가지고 신앙에 귀의했고, 그가 세례를 받았을 때는 형제님이 대부를 자청하기까지 했습니다.

범인은 진심으로 회개하는 마음으로 교도소에서 목공 기술을 배우는 등 모범적인 복역 생활을 했습니다.[11]

우리가 사랑이라는 말을 떠올렸을 때, 우리를 사랑하는 마음으로 다가가지 못하게 하는 것이 무엇입니까? 이것은 아마 우리가 사랑하지 못하고 미워하며, 아직도 용서하지 못하는 마음이라고 묵상됩니다.

우리가 그러한 마음에 사로잡혀 있을 때, 주님의 온유하고 자비로운 마음을 느끼고 배울 수 있었으면 좋겠습니다. 우리가 쉽게 하지 못하는 용서를 주님 사랑 안에서 갖도록 노력한다면, 그분께서는 당신의 힘과 용기로 우리를 감싸 주시고 당신의 선을 행하도록 이끌어 주실 것입니다.

🌿 함께 기도하시겠습니다.

주님, 부족하고 죄 많은 저희를 용서해 주시고 사랑해 주심에 감사드립니다.

주님, 당신께서 주시는 사랑에 힘입어 주님의 뜻이 저희가 가지고 있는 증오와 미움보다 더 큼을 깨닫게 됩니다.

주님, 저희가 비록 나약한 믿음 속에서 매일 죄를 짓고 살아가지만, 우리에게 잘못한 사람을 기꺼이 용서하고 싶습니다.

주님, 저희가 당신께서 주시는 힘으로 더 이상 악이 유혹하는 증오와 미움의 늪에 빠지지 않게 하소서

우리 주 예수 그리스도를 통하여 비나이다. 아멘!

성 김대건 안드레아 사제와
성 정하상 바오로와 동료 순교자들 대축일

루카 9,23-26

> 정녕 자기 목숨을 구하려는 사람은 목숨을 잃을 것이고, 나 때문에 자기 목숨을 잃는 그 사람은 목숨을 구할 것이다.
>
> 루카 9,24

🌱 오늘 복음 묵상과 연관 지어서 묵상하다가 예수님에 대해 훌륭한 신앙 고백을 한 으뜸 사도인 베드로 사도를 떠올리게 되었습니다.

한편 성경 정경에 포함되지는 않았지만, 사도들의 생애와 선교 활동, 순교 등을 담고 있는 책, 곧 외경(外經)인 「베드로 행전」을 통해 베드로 사도의 모습을 살펴볼 수 있습니다.

선교 활동을 위해 로마에 있었던 베드로는 극심한 박해를 피하여 로마를 빠져나가려고 했습니다. 베드로가 도망가는 길에서 로마 성문을 벗어나자, 로마로 들어가시는 주님을 뵙게 되었습니다.

베드로는 그 순간 "주님, 어디로 가십니까?"(Quo vadis, Domine?) 하고 주님께 여쭙니다. 주님께서는 베드로에게 "나는 십자가에 못 박히려고 로마로 가는 길이다." 하고 말씀하셨습니다. 베드로는 주님께 "주님, 십자가에 다시 못 박히시겠다는 말씀입니까?" 하고 묻습니다.

그러자 주님께서는 "그렇다, 베드로야. 나는 다시 십자가에 못 박힐 것이다." 하고 내답하십니다. 베드로는 그제야 정신을 차리게 되었습니다. 그리고 그는 하늘로 다시 오르시는 주님을 뵙게 되었습니다.

마침내 베드로는 기쁨으로 가득 차 주님을 찬미하

면서 다시 로마로 돌아갔습니다. 왜냐하면 "나는 십자가에 못 박힐 것이다."라는 말씀은 베드로에게 일어나야 할 일이었기 때문입니다.

베드로는 예수님께서 그에게 말씀하신 대로(요한 21,18-19 참조) 집정관에게 잡혀가 사형 선고를 받게 됩니다. 그리고 그는 사형 집행자들에게 머리를 아래로 해서 십자가에 못 박아 달라고 청하였습니다.

「베드로 행전」에 따르면, 베드로는 스스로 모든 죄인의 상징이 되어 십자가에 매달렸고 끝까지 사람들의 회개를 외치며, "감사합니다."라는 말을 남기고 숨을 거두었다고 합니다.[12]

예수님 곁에서 그분의 말씀을 또렷이 듣고 그분의 행동을 직접 눈으로 보며, 그분의 죽음과 부활과 승천을 목격한 사도들이 주님을 따르며 자기 십자가를 지는 것에 어려움이 없을 것이라 묵상하기는 어렵습니다.

으뜸 사도라고 불리는 베드로 사도도 앞에서 말한 바와 같이 인간적인 감정이 앞서기도 하고 예수님을 모른다고 부인도 하며, 십자가를 지는 삶을 충실히 사는 것에 잠시 머뭇거리는 순간도 있었습니다.

하지만 중요한 것은 예수님을 주님이라고 고백하고 그분 뒤를 따르며 십자가를 지는 삶에서 주님께서는 그와 같은 사람과 언제나 함께하시고 그를 친히 당신께로 이끌어 주신다는 것입니다.

십자가를 지고 그분을 따르는 여정에서 부족하고 어려운 점은 필연적으로 존재하지만, 그런 여정에 주님께서는 당신의 사랑하는 자녀 곁에서 그와 동행하시며 그와 함께 십자가를 지고 가십니다.

우리는 주님과 함께 걸어가는 이 십자가의 여정에서 주님의 충만한 사랑을 체험하고 세상이 아닌 주님께서 주시는 위로와 놀라운 힘을 얻게 될 것입니다. 어렵고 힘겨운 우리 삶의 십자가를 온전히 주님께 대한 믿음과 구원의 희망 안에서 충실히 지고 갑시다.

🌿 함께 기도하시겠습니다.

 구원의 주님, 부족한 저희를 당신의 자녀로 불러 주심에 감사드립니다.
 주님, 진정으로 당신을 따르는 길이 자신을 버리고 날마다 저희 십자가를 지고 당신을 따르는 길임을 알려 주셔서 감사드립니다.
 하지만 주님, 주님을 따르는 것이 복된 삶이고 구원에 이르는 길임을 기뻐하며 머리로는 받아들이지만, 실천으로 옮기기에는 아직도 부족함이 많습니다.
 주님, 십자가를 지고 가는 여정에서 언제나 주님께서 저희와 함께해 주심을 굳게 믿고 느끼며, 주님께서 주시는 힘으로 이 길을 충실히 걷게 하소서.
 그리하여 주님께서 약속하신 영원한 생명을 저희도 얻게 하소서.
 우리 주 예수 그리스도를 통하여 비나이다. 아멘!

연중 제25주일

마태 20,1-16

> 나는 맨 나중에 온
> 이 사람에게도
> 당신에게처럼
> 품삯을 주고 싶소.
>
> 마태 20,14

🌱 '왜 그 주인은 일하러 온 사람들이 같은 시간을 일한 것이 아닌데 같은 임금을 주었을까요?'

이런 세속적이며, 계산적인 셈법이 오히려 오늘 복음을 이해하는 데 어려움을 주기도 했습니다. 그러나 오늘 예수님의 비유는 셈법의 논리성에 초점을 두게 한 것이 아니라 하느님만의 셈법을 하시는 그분 마음에 집중하게 합니다.

주님의 마음에 집중하고 묵상하면서 다음과 같은 질문들이 떠오름을 느낍니다.

'왜 포도밭 주인은 아침부터 저녁까지 그토록 포도밭에서 일할 일꾼들을 사려고 했을까요?'

'처음에 산 일꾼들과는 한 데나리온으로 일당을 합의했지만, 왜 그다음부터는 '적당한 삯'이라는 말로 합의했을까요?'

'하루의 일을 마칠 시간에 마지막으로 일할 일꾼들을 찾으러 나간 주인의 심정은 어떠했을까요?'

'처음부터 일한 일꾼들이 나중에 온 일꾼들이 받은 한 데나리온을 가지고 주인에게 투덜거렸을 때, '나는 맨 나중에 온 이 사람에게도 당신에게처럼 품삯을 주고 싶소.'라는 말은 어떤 의미였을까요?'

이런 질문을 하면서 하느님의 마음이 조금씩 느껴집니다.

사실 하느님께서는 기본적으로 하늘 나라에 모든 사람을 초대하십니다. 그 나라는 언제나 문이 열려 있고 주님께서는 그곳을 향해 열심히 노력하는 사람을 두 팔을 활짝 벌리고 환영하고 계십니다.

하지만 그 나라를 향해 오려고 결심하고 노력하는 사람들이 항상 우리 생각만큼 동시적으로 나타나는 것은 아닐 것입니다. 오늘 비유에서처럼 어려서부터 여러 신앙적인 분위기에서 주님을 알게 되고 열심히 주님께 나아가려고 노력하는 사람도 있을 것입니다.

그러나 조금 더 자라서 아니면 삶의 끝자락에 다다랐을 때, 주님이 계시다는 사실을 깨닫고 그분께 나아가는 사람들도 많을 것입니다.

이때 우리가 잊지 말아야 하는 사실은, 우리가 살아가는 동안에 언제나 주님은 한결같이 우리 구원을 위해, 또 우리의 회개를 위해 우리를 찾고 계시고 당신 나라로 끊임없이 초대하고 계신다는 것입니다.

당신 나라에서 사는 것이 얼마나 행복하고 좋은 일인지 주님께서는 너무나 잘 알고 계시기 때문에, 모든 사람이 그 나라에서 당신과 함께 행복하게 살길 원하고 계십니다.

그래서 하느님께서는 신앙을 갖게 된 시기와 기간에 집착하기보다 궁극적으로 하늘 나라에서 당신을 만나는 그 순간까지 신앙을 굳게 간직하고, 충실히 그분 말씀을 살아가고 있음이 더 중요한 것이라 묵상됩니다.

또한 누구나 생의 어느 시기이건 주님의 하늘 나라 초대에 기쁘게 응답하고 그 나라를 향해 충실히 나아가는 이에게는 그분께서 영원한 생명과 구원이라는 선물을 반드시 내려 주시리라 믿습니다.

그래서 하느님의 이런 깊은 자비하심과 모든 이를 당신 나라로 이끌기 위한 인내하심을 통해, 오늘 포도밭 주인이 '맨 나중에 온 사람에게도 처음부터 일한 사람들에게처럼 품삯을 주고 싶다.'라고 말한 것이라 묵상됩니다.

🌿 함께 기도하시겠습니다.

 자비의 주님, 언제나 당신의 사랑을 한없이 저희에게 내려 주심에 감사드립니다.
 주님, 기쁨과 행복이 가득한 당신 나라에 부족한 저희를 초대해 주심에 감사드립니다.
 하지만 주님, 당신은 저희가 그곳을 잊고 다른 곳을 찾아 기웃거리지 않을까, 아니면 그 나라가 좋은 것을 알지만 노력하지 않을까, 오히려 저희보다 저희 구원을 더 걱정하십니다.
 주님, 저희가 당신 길이 아닌 다른 길에서 방황할 때도 항상 저희를 찾아 헤매시며, 끊임없이 기다려 주심에 감사드립니다.
 주님, 이제는 주님만을 바라보며, 당신 초대에 충실히 삶으로 응답하며 살게 하소서. 그리하여 당신께서 주시는 그 구원의 선물을 저희가 꼭 받게 하소서.
 우리 주 예수 그리스도를 통하여 비나이다. 아멘!

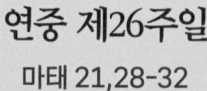

연중 제26주일
마태 21,28-32

그는 '싫습니다.' 하고
대답하였지만, 나중에
생각을 바꾸어 일하러 갔다.

마태 21,29

🌱 예수님의 말씀을 들어도 믿지 않으며, 예수님을 주님으로 고백하지도 받아들이지도 않는 그들에게 오늘 예수님은 '두 아들의 비유'를 통해 말씀하십니다. 예수님께서 말씀하신 두 아들의 비유는 아버지 말씀에 대한 두 아들의 상반된 반응을 통해 교훈적인 가르침을 주고 있습니다.

두 아들에게 한 아버지의 지시는 "오늘 포도밭에 가서 일하여라."(마태 21,28)였습니다. 아버지 말씀에 "싫습니다." 하고 대답하는 맏아들의 반응은 반항적이며 불순종적으로 비춰집니다. 하지만 같은 질문에 작은아들은 "가겠습니다, 아버지!" 하며 적극적이면서 순종적인 반응을 보입니다.

그러나 결정적인 반전이 존재했습니다. 작은아들은 순종적인 대답과는 달리 포도밭에는 가지 않았고, 반항적인 태도를 보인 맏아들은 후에 생각을 바꾸어 포도밭에 일하러 간 것입니다.

우리는 이 같은 두 아들의 대조적인 행동에 대해 예수님께서 제자들에게 질문한 말씀에 주목해야 합니다.

"이 둘 가운데 누가 아버지의 뜻을 실천하였느냐?"(마태 21,31)

예수님의 이 질문을 통해서 예수님의 강조점을 묵

상하게 됩니다. 두 아들에게 지시한 아버지가 원하는 것, 곧 주님께서 당신 자녀들에게 원하시는 것은 아버지의 뜻을 '실천'하는 것입니다.

이것은 말씀을 듣고 믿으며 그 말씀대로 살아갈 것에 충실히 대답하는 것만 아니라 그 말씀을 실제로 살아가야 하는 것의 중요함을 강조하신 말씀입니다. 그래야 진정으로 주님께 대한 살아 있는 믿음을 간직한 사람이라 말할 수 있고, 그 실천이 살아 계신 주님에 대한 믿음을 증거하는 것이라 할 수 있습니다.

예수님께서는 하늘 나라에 들어가기 위한 조건을 다음과 같이 말씀하셨습니다.

"나에게 '주님, 주님!' 한다고 모두 하늘 나라에 들어가는 것이 아니다. 하늘에 계신 내 아버지의 뜻을 실행하는 이라야 들어간다"(마태 7,21).

이에 야고보서의 저자도 "믿음에 실천이 없으면 그러한 믿음은 죽은 것입니다."(야고 2,17)라고 말하며 진정한 믿음에는 '실천'이 수반되어야 함을 강조했습니다.

우리는 '두 아들의 비유'를 통해 진정한 믿음을 얻기 위해서는 주님 말씀을 삶으로 보여 주는 실천이 꼭 필요함을 깨닫게 됩니다.

예수님의 '씨 뿌리는 사람의 비유'(마태 13,1-9 참조)

에서 보듯이 주님 말씀이 주시는 위로와 은총에 기뻐하며 감사하지만, 그것에 열매 맺는 삶을 살아가지 않는다면, 우리 믿음은 뿌리가 없어서 말라 버리거나 많은 열매를 맺기가 어려울 것입니다.

우리는 주님 말씀을 기쁘게 받아들이는 사람들이며, 그 말씀이 이끄는 것에 순종하며 살아가는 사람들입니다. 힘겹고 어려운 삶의 여정 속에서도 우리 자신을 이겨 나가고, 주님 말씀에 굳은 믿음을 가지고 그 말씀을 충실히 실천하며 살아가길 기도합니다.

🌿 함께 기도하시겠습니다.

 자비의 주님, 언제나 저희에게 당신의 자비를 충만히 베풀어 주심에 감사드립니다.
 주님, 고집 세고 욕심 많은 저희에게 당신 구원의 길을 알려 주시며, 그 길로 인내하시고 이끌어 주심에 감사드립니다.
 주님, 하지만 당신 자비와 사랑에 감사하면서도 때로는 저희가 가고 싶은 길로 가려 하고 당신 말씀에 대답만 하는 삶을 살 때도 많았습니다.
 주님, 비록 힘겹고 더딘 길처럼 보이지만, 당신께서 저희에게 알려 주신 길이 바로 구원의 길이며, 당신을 만나게 되는 가장 빠르고 정확한 길임을 깨닫게 하소서.
 그리하여 그 길을 충실히 걸어 말보다는 실천으로 당신께 대한 믿음을 살아가게 하소서.
 우리 주 예수 그리스도를 통하여 비나이다. 아멘!

연중 제27주일

마태 21,33-43

> 하느님께서는 너희에게서
> 하느님의 나라를 빼앗아,
> 그 소출을 내는 민족에게
> 주실 것이다.

마태 21,43

오늘 예수님께서는 예루살렘 성전에서의 성전 정화 사건 후 그분의 권위에 대한 질문에 두 번째 비유를 들려주십니다.

이 비유는 '포도밭 소작인의 비유'로 포도밭 주인에게 바칠 소출을 준비하기는커녕, 그 주인이 자기 몫의 소출을 받아 오라고 보낸 많은 종과 그의 아들까지 고문하고 죽이는 소작인의 잘못을 꼬집습니다.

결국 이 비유를 통해 예수님께서는 당신을 하느님께서 약속하시고 보내신 그리스도라는 사실을 소작인으로 비유되는 수석 사제들과 백성의 원로들, 곧 유다인의 종교 지도자들이 믿지도 받아들이지도 않는 것을 비판하신 것입니다.

특히, 유다인들의 지도자들에게 하신 예수님의 말씀에 머물게 됩니다.

"하느님께서는 너희에게서 하느님의 나라를 빼앗아, 그 소출을 내는 민족에게 주실 것이다"(마태 21,43).

그들은 무엇을 잘못했을까요?

그들은 성경과 율법에 정통한 사람들입니다. 다른 유다인들의 선생이기도 합니다. 하지만 그렇게 성경을 잘 아는 이들이 범한 큰 죄는 바로 예수님이 누구이신지를 그들이 알아보지도, 믿지도 못했다는 것입니다.

그러한 탓에 예수님의 말씀과 행동에 의심을 가지고 사사건건 트집을 잡고, 급기야 그분이 수난받고 죽임을 당하는 것에 큰 역할을 하게 됩니다. 그래서 예수님께서는 그들의 그러한 마음을 아시고 그들의 고집과 교만을 꼬집으십니다.

'하느님께서는 너희에게서 하느님의 나라를 빼앗을 것이다.' 이 말씀을 다시 생각해 보면 지금처럼 예수님을 주님으로, 그리스도로 받아들이지도, 또 믿지도 않는다면 하느님의 나라가 (그러한 사람에게서) 멀어지게 된다는 것입니다.

왜냐하면 예수님께서는 '하느님과 하나'(요한 10,30 참조)이시며, 하느님의 외아드님으로서 그분께서 보내 주신 약속된 그리스도이시기 때문입니다. 길이요 진리이며 생명이신 예수님께서는 당신을 그리스도로 믿고 충실히 따르는 이들에게 반드시 영원한 생명을 주십니다.

따라서 예수님을 굳게 믿는다면, 하느님의 나라에 들어갈 수 있습니다. 그러나 오늘 유다인의 지도자들은 이와 같은 사실을 깨닫지 못하고 있습니다.

예수님께서는 우리 또한 다른 것에 휘둘리거나 많은 신경을 쓰기보다 당신을 주님으로 굳게 믿고 따르는 것에 온 마음을 다하기를 원하십니다. 하지만 우리 마음과 행동에 예수님께서 원하시는 것이 아닌 것들이 때로는 유혹으로 다가오고 있습니다.

그것의 정체는 악으로서, 우리 마음이 주님 안에서 누리는 기쁨과 주님께서 원하시는 삶으로 다가가는 노력으로부터 우리를 분리시키려 합니다.

우리가 진정으로 오늘 복음에서의 '소출을 내는', 곧 열매 맺는 사람으로 살아가기 위해서는 오로지 주님 안에서 사는 것밖에 다른 방법이 없습니다.

우리는 "달릴 길을 다 달려"(사도 20,24) 주님 품에 닿는 그날까지 최선을 다해야 합니다. 그러면 그날에 우리는 하느님 나라에서 주님을 만나게 될 것입니다.

🌿 함께 기도하시겠습니다.

 용기의 주님, 언제나 저희에게 당신의 위로와 힘을 주심에 감사드립니다.
 주님, 당신께서는 말로만 당신 이름 부르며 찾길 원하지 않으십니다.
 주님, 하지만 저희는 어려울 때만 당신을 찾거나 저희 뜻이 이루어질 때 당신 이름에 감사할 때도 있습니다.
 주님, 저희의 교만하고 이기적인 마음을 당신의 온유하고 겸손한 마음으로 변화시켜 주소서.
 그리하여 언제나 당신께서 주시는 모든 것을 감사한 마음으로 받아들이며, 오로지 당신만을 믿고 당신 뜻에 열매 맺는 사람이 되게 하소서.
 우리 주 예수 그리스도를 통하여 비나이다. 아멘!

연중 제28주일
마태 22,1-14

내가 잔칫상을 이미 차렸소.
황소와 살진 짐승을 잡고
모든 준비를 마쳤으니,
어서 혼인 잔치에 오시오.

마태 22,4

오늘 예수님께서 말씀하신 '혼인 잔치의 비유'에서는 잔치에 초대되었으나 불응하는 이들의 모습과 살인까지 저지르는 그들의 태도에 진노하는 임금의 모습이 나타납니다. 또한 준비된 이 혼인 잔치는 더 이상 특정한 이들만을 위한 것이 아닌 모든 이가 그곳에 불림받게 됨을 시사하고 있습니다.

오늘 복음은 우리에게 세 가지를 묵상하게 합니다.

하나는 예수님을 주님으로 받아들이지 못하고 하늘 나라로 초대하는 주님의 부르심에도 응답하지 못하는 것입니다.

예수님을 주님으로 알아 뵙고 주님께서 우리의 구원자이심을 고백하는 이는 언제나 당신께로 인도하는 부르심을 체험하게 됩니다. 그러면서 하늘 나라에 대한 확신과 그 나라로 가고 싶은 열망을 갖게 됩니다.

그러나 세상일에만 힘쓰면서 자신의 이익에만 안주하는 사람은 주님의 초대에 마음을 쉽게 열 수 없습니다. 그래서 그분의 소리를 듣기 위해 기도 안에서 준비해야 할 필요가 있습니다.

둘째는 주님께서는 하늘 나라에 모두를 초대하고 있다는 것입니다.

하늘 나라에 누구나 들어갈 수 있도록 주님께서는

그 나라의 문을 활짝 열고 기다리고 계십니다. 그곳은 주님을 굳게 믿으며 착하게 사는 사람들, 의로움에 목마르며, 평화를 사랑하는 사람들, 주님께만 마음을 두고 그분을 열심히 따르는 사람을 위한 나라입니다.

하지만 그곳은 전에는 죄를 지었지만, 마음을 돌려 다시 주님께 나아가는 사람들도 들어갈 수 있는 희망의 나라입니다. 왜냐하면 주님께서는 죄인의 멸망을 바라시기보다 회개하여 당신께 돌아오는 모든 이들이 당신 나라에서 함께 살기를 바라시기 때문입니다.

끝으로 '혼인 예복'을 성실히 준비해야 하늘 나라에 들어갈 수 있습니다.

혼인 잔치에 초대받은 것에만 기뻐하여 그 잔치에 들어갈 수 있는 조건인 혼인 예복을 제대로 갖추지 못한다면, 잔치가 벌어지는 현관문 앞에서 출입을 저지당하고 손발이 묶여 어둠 속으로 내던져지는 신세가 될 수 있습니다.

주님께서는 하늘 나라에 들어가기 위해서 초대받았다는 것에 대한 기쁨과 확신에만 안주하는 것을 원하지 않으십니다. 오히려 이러한 모습은 신앙에 있어서 자기 십자가를 지지 않고 그분을 따른다고 말하는 것과 같은 모습일 것입니다.

그래서 주님께서는 그분을 굳게 믿고 각자 자기 십

자가를 지면서, 그분의 뒤를 따르는 것을 통해 '혼인 예복'을 충실히 준비할 것을 바라고 계십니다. 그렇게 예복을 충실히 준비하며 초대된 잔치에 기쁘게 응답하는 사람을 주님께서는 그 잔치에서 기쁘게 맞이해 주실 것입니다.

🌿 함께 기도하시겠습니다.

 자비의 주님, 언제나 저희를 하늘 나라의 잔치에 초대해 주심에 감사드립니다.
 주님, 당신만을 믿고 따르며, 당신의 가르침을 충실히 지키는 사람에게 당신 나라에서 받을 상급을 확신하게 해 주심에 감사드립니다.
 주님, 하지만 하늘 나라의 기쁨을 바라고 고대하면서도 저희 삶의 중심에 당신을 모시기보다 저희 뜻과 의지가 그 가운데 자리 잡을 때가 많았습니다.
 주님, 저희 신앙을 다시금 당신 사랑으로 뜨겁게 해 주십시오.
 그리하여 그런 뜨거운 신앙과 열심한 신앙생활로 당신께서 원하시는 '혼인 예복'을 충실히 준비하여, 저희가 꼭 하늘 나라에서 당신과 함께 살게 하소서.
 우리 주 예수 그리스도를 통하여 비나이다. 아멘!

연중 제29주일
- 민족들의 복음화를 위한 미사
마태 28,16-20

너희는 가서 모든 민족들을 제자로 삼아, 아버지와 아들과 성령의 이름으로 세례를 주고, 내가 너희에게 명령한 모든 것을 가르쳐 지키게 하여라.

마태 28,19-20

🌱 부활하신 예수님께서는 당신 제자들에게 '지상 최대의 사명'을 남겨 주십니다.

'모든 민족들에게 가서 그들을 제자로 삼아, 아버지와 아들과 성령의 이름으로 세례를 주고, 명령한 모든 것을 가르쳐 지키게 하여라'(마태 28,19-20 참조).

이 명령에는 주님께서 주시는 구원이 보증되어 있습니다. 따라서 제자들은 예수님을 주님으로 고백하는 이들이 얻게 되리라는 구원의 선물을 이제는 그들의 선교 활동을 통해 모든 이들에게 알려 주며, 세례를 통해 주님의 자녀가 되어 그분 말씀을 지키고 살아가 그 선물을 얻기 위한 방법을 가르쳐야 하는 사명을 갖습니다. 우리는 이것을 '선교' 또는 '복음 선포'라 할 수 있습니다.

한편 주님께서 주신 사명, 곧 복음은 무엇이며, 그것이 우리에게 어떻게 느껴질까요?

신학교에서 강의하거나 교구와 각 지구와 본당에서 '복음 선포'에 대한 강의를 할 때, 첫 번째로 묻는 말은 "복음이란 무엇입니까?"입니다.

이 질문을 던지면서 강의를 시작할 때, 강의를 듣는 형제자매들의 표정과 모습을 살펴보게 되면, '글쎄요, 많이 들어 보긴 했는데…', 혹은 복음을 '기쁜 소식'이라고 하기도 하고, '예수님께서 우리를 구원하셨다는 것'이라 말하기도 합니다.

이어서 다음과 같은 질문을 던집니다.

"그러면 구원의 기쁜 소식인 복음이 내게도 기쁘게 다가옵니까? 아니면 복음이 나한테 어떻게 느껴집니까?"

처음에는 이 질문에 수강하는 분들의 표정에서 머뭇거림을 발견했지만, "혹시 손을 들고 발표하실 분들이 있습니까?"라는 질문에 조용히 손을 높이 드는 분들이 몇몇 있었습니다.

그리고 이 질문에 "복음이 제 자신을 살리는 기쁜 소식임을 믿습니다.", "주님께서 하신 말씀이 제게 구원의 말씀임을 믿습니다."라고 대답했습니다. 짧지만 이렇게 대답을 하신 분들의 표정에서 단순히 머리로 대답을 한 것이 아님을 느낄 수 있었습니다. 오히려 그분들의 표정에는 주님의 성령 안에서 확신에 찬 모습이 역력했고, 그것을 말할 때도 자신 있게 말했습니다.

이와 같은 질문을 구·반장 교육 때 실시한 적이 있는데, 대답하신 분들의 공통적인 내용을 보게 되면, 삶의 역경의 순간에서 또 이웃에게 복음을 전할 때 이런 복음에 대해 확신을 갖게 되었다는 것입니다.

우리는 복음에 대해 미사 중 강론을 통해 수없이 많

이 듣고 신앙 특강과 교육을 통해 그 내용에 대한 설명을 듣게 됩니다. 하지만 구원의 기쁜 소식인 복음이 우리 안에 얼마나 살아 숨 쉬고 있고, 그것을 가슴 떨리게 전하는 일이 우리에게 얼마나 많은지 묵상할 필요가 있습니다.

이렇게 주님 안에 머물 때, 주님의 기쁜 소식이 우리에게 구원의 소식이라는 것을 확신하게 됩니다. 그리고 그로 인해 주님께서 주시는 기쁨과 평화는 세상 누구도 줄 수 없다는 것을 고백하게 되며, 또 그렇게 내 안에 꽃피운 기쁜 소식은 그것을 다른 이들에게 말하지 않고는 못 견디게 합니다. 바로 이런 순간에 우리는 주님을 증언할 강한 힘을 성령에게서 받게 됩니다.

🌿 함께 기도하시겠습니다.

 희망의 주님, 복음의 기쁨이 우리 마음을 가득히 적셔 주심에 감사드립니다.
 주님, 당신의 말씀을 가까이할수록 저희 삶이 행복하고 용기와 희망이 샘솟습니다.
 주님, 당신께서 주신 이런 기쁨을 이제는 저희만 간직하지 말고 우리 이웃과 함께 나눌 용기를 주소서.
 주님, 그리하여 모든 이를 아버지 당신께 모여들게 만들고, 오로지 당신만이 우리 하느님이심을 찬양하게 하소서.
 우리 주 예수 그리스도를 통하여 비나이다. 아멘!

연중 제30주일
마태 22,34-40

네 이웃을 너 자신처럼
사랑해야 한다.

마태 22,39

🌱 "스승님, 율법에서 가장 큰 계명은 무엇입니까?"(마태 22,36)

예수님께서는 앞선 율법 교사의 질문에 신명기 6장 5절을 인용하시며, "네 마음을 다하고 네 목숨을 다하고 네 정신을 다하여 주 너의 하느님을 사랑해야 한다."(마태 22,37) 하고 대답하십니다.

첫째가는 계명은 이처럼 하느님을 사랑해야 한다는 것입니다. 이 계명은 한 분이신 하느님, 곧 유일신 사상을 강조하고 있고, 그분께서 우리에게 베푸신 사랑에 대해 전심으로 응답하면서 하느님을 사랑하라는 내용을 담고 있습니다.

예수님께서는 이어서 둘째 계명도 "네 이웃을 너 자신처럼 사랑해야 한다."(마태 22,39) 하고 율법 교사에게 알려 주십니다. 우리는 이 이웃 사랑을 실천할 때, "자신처럼"이라는 표현에 집중할 필요가 있습니다.

그것은 우리 스스로가 자신을 사랑하는 데에 이유가 없는 것처럼, 우리 이웃을 사랑할 때는 '무조건적'으로, 당연하게 사랑해야 함을 예수님께서 강조하신 것입니다.

그러나 예수님의 이런 가르침의 관점에서 주님께 질문을 한 율법 교사와 백성의 지도자라 할 수 있는 사제들과 바리사이들이 갖는 부족한 점은, 율법과 예언서의 정신을 올바로 깨달았다 하더라도, 이웃을 바라보고 그들에게 대하는 소극적인 사랑의 모습이라 할 수 있습니다.

그래서 예수님께서는 군중과 제자들에게 율법 교사들과 바리사이들에 대해 그들의 행실을 따라 하지 말라고 말씀하셨습니다. 왜냐하면 그들이 말만 하고 실행하지 않기 때문입니다(마태 23,3 참조).

또한 예수님께서는 그들이 겉으로는 다른 사람들에게 의인으로 보이지만, 그 속은 위선과 불법으로 가득한 사람들이라고 비판하셨습니다(마태 23,28 참조).

이에 예수님께서는 율법 교사의 질문에 다시금 율법과 예언서의 정신을 일깨워 주신 것입니다. 그리고 그것의 완성은 바오로 사도가 말하듯 '사랑'이라는 것을 우리는 깨달아야 합니다(로마 13,10 참조).

오늘 예수님의 가르침을 통해 첫째가는 계명이 하느님 사랑이요, 둘째가는 계명은 이웃 사랑임을 깨닫게 됩니다. 또한 예수님께서는 하느님을 전심으로 사랑하는 것과 이웃을 우리 자신처럼 사랑하는 것이 결코 분리된 것이 아니라는 것도 일깨워 주십니다.

하느님을 마음을 다해 열렬히 사랑하는 사람은 이웃을 바라보는 시선과 그들에게 다가가는 모습에도 진심으로 사랑이 담겨 있습니다. 또 이웃을 열심히 사랑하는 신앙인은 그 사랑 안에서 하느님께 찬미와 감사를 드리며, 주님을 더 깊이 사랑할 것입니다.

주님께서 일깨워 주신 '하느님 사랑과 이웃 사랑'의 가르침을 통해, 이것이 하느님께서 우리에게 알려 주고 싶으신 가장 중요한 것임을 마음속에 간직하게 됩니다. 왜냐하면, 이 계명이야말로 주님 나라에 들어갈 수 있는 중요한 열쇠이기 때문입니다.

🌿 함께 기도하시겠습니다.

 희망의 주님, 당신을 통해 당신께서 알려 주신 하느님 나라를 희망할 수 있음에 감사드립니다.
 주님, 저희가 부족해도 당신의 말씀을 굳게 믿으며, 이웃 사랑을 실천함으로써 그 나라에 들어갈 수 있음에 기쁘고 감사드립니다.
 그러나 주님, 아직도 저희는 당신을 사랑하고, 특히 이웃을 사랑하는 데에 많이 부족합니다. 저희의 신앙을 더욱더 굳세게 해 주시고, 이웃을 향한 마음과 사랑 표현에도 조금 더 힘을 낼 수 있는 용기의 은총을 허락하소서.
 그리하여 당신의 말씀 속에서 용솟음치는 성령의 힘을 느끼며, 이웃에게도 그 사랑을 전하게 하소서.
 우리 주 예수 그리스도를 통하여 비나이다. 아멘!

모든 성인 대축일
마태 5,1-12

행복하여라, 슬퍼하는 사람들!
그들은 위로를 받을 것이다.

마태 5,4

🌿 누구나 삶에서 기쁘고 웃는 날을 꿈꾸면서 살지 모릅니다. 하지만 우리네 삶은 그렇게 녹록지 않습니다. 매몰차게 불어오는 바람에 쉽게 부러질 것 같은 날도 많이 있고, 아무리 노력해도 답답했던 순간들도 많이 있었습니다. 그럴 때면 하염없이 눈물도 흘리고 목 놓아 주님을 불러 보기도 합니다. 과연 이 고통을 어떻게 감당하고 해결할 수 있을까요.

프란치스코 교황님은 이러한 삶의 고통과 시련 속에서 하느님 아버지와 포옹하는 것을 하나의 해법으로 강조합니다.

"예수님께서는 시험 중에 아버지와 포옹하라고 우리를 가르치십니다. 왜냐하면 하느님께 드리는 기도 안에서는 고통 중에도 앞으로 나아갈 힘이 있기 때문입니다. 힘들 때의 기도는 위로와 신뢰와 위안입니다."[13]

시련의 역경 속에서도 우리는 주님을 만나야 함을 교황님은 당신의 묵상을 통해 일깨워 주십니다. 인간은 고통 속에서 불안해하며, 쉽게 흔들리는 존재입니다. 그것이 당연하겠지요.

그러나 신앙인에게 있어서는 이러한 고통과 시련이 오히려 주님과 더욱 일치되는 시간으로 의식의 전환을 할 수 있는 좋은 기회이기도 합니다. 그렇게 주님과의 만남 속에서 진정 자신이 누구인가를 고민하게 되고, 깊은 묵상 속에서 실존적으로 주님께 의탁할 수밖에 없는 작은 존재임을 깨닫게 됩니다.

우리는 주님의 자비를 간청하는 존재입니다. 주님의 자비와 사랑 없이는 단 하루도 살 수 없습니다. 그래서 주님께서 주시는 사랑과 위로는 우리에게 너무나도 커다란 선물입니다. 세상이 줄 수 없는 주님의 위로는 우리가 흘린 눈물을 닦아 줄 것이고 우리의 아픈 마음을 어루만져 줄 것입니다.

그리고 더욱더 주님 안에 머무르면서 주님께서 주시는 사랑의 힘으로 우리는 이 고통을, 슬픔을 이겨 낼 수 있습니다. 교황님도 하느님께 온전히 의탁하는 것과 그분께 드리는 기도로 고통을 대하는 해법을 제시하고 있습니다.

우리는 어쩌면 평생을 고통과 마주하게 될지도 모릅니다. 그러나 그 고통 속에서도 주님은 항상 우리 곁에 계실 것입니다. 그리고 당신과 함께 그 고통을 이기는 방법도 알려 주실 것입니다. 우리는 고통 속에서 홀로 버려진 사람들이 아닙니다.

그리고 아무런 희망도 없이 슬퍼만 하고 있는 사람들이 아닙니다. 오히려 고통 속에서도 주님을 찾고 그것을 극복할 수 있으며, 다른 이들이 겪는 고통도 함께 나눌 수 있는 사람들입니다.

  이제 언제나 우리와 함께하시고, 우리 깊숙이 살아 계시는 주님을 느끼고 바라봅시다. 비록 우리는 힘이 없고 부족하더라도 주님께서 주시는 힘으로 우리가 겪는 고통을 반드시 이겨 낼 것입니다. 그래서 우리는 주님께서 주시는 힘과 위로로 행복할 것이고, 행복한 사람이 될 것입니다.

🌿 함께 기도하시겠습니다.

 주님, 나약하고 쉽게 힘들어하는 저희와 함께해 주심에 감사드립니다.
 주님, 부족하기 때문에 당신이 필요함을 고백할 수 있고 당신을 찾게 됩니다.
 하지만 주님, 필요할 때만 당신을 찾는 저희가 되지 않게 해 주시고, 오히려 당신께 저희의 온 존재를 맡기게 하소서.
 주님, 저희의 진정한 위로는 오직 당신께만 있나이다.
 우리 주 예수 그리스도를 통하여 비나이다. 아멘!

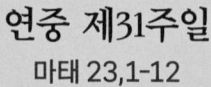

연중 제31주일
마태 23,1-12

그들의 행실은 따라 하지 마라.
그들은 말만 하고
실행하지는 않는다.

마태 23,3

🌿 "모세의 자리"를 차지하고 있다고 말씀하신 예수님의 눈에는 율법 학자들과 바리사이들의 모습은 진정으로 하느님을 섬기는 사람의 모습과는 거리가 멀었습니다. 그러면 그들의 모습은 과연 어떠했나요?

그들은 말만 하고 실행하지는 않는 사람들이었습니다. 구체적으로 그들이 했던 것을 생각해 보면, 그들은 율법과 예언서에 대해 정통했고 지성적으로는 최고의 경지에 올랐던 사람들이었습니다. 그러나 그들에게 있어서 부족한 점이 있었습니다. 예수님의 말씀처럼 그들은 행동보다 '말'이 앞선 사람들이었고 그 말을 실행하는 데에는 부족한 사람들이었습니다.

뿐만이 아니라 예수님께서는 율법 학자와 바리사이들이 하는 행동에는 '허영'과 '과시욕'이 있음을 비난하시고, 그들이 하는 일에 대해서 "모두 다른 사람들에게 보이기 위한 것"(마태 23,5)이라 강하게 말씀하셨습니다.

예수님께서 지적하신 율법 학자와 바리사이들의 두 가지 모습은 '위선'이며, 올바른 신앙인이 경계하고 주의해야 할 것입니다.

예수님께서는 어느 지도 집단의 그릇된 우월 의식이나 특권 의식이 당신을 주님으로 모시고 따르는 데에 탁월하게 작용하는 것이라 말씀하지 않으십니다.

오히려 당신을 따르는 이들에게 다음과 같이 말씀하십니다.

"너희의 스승님은 한 분뿐이시고 너희는 모두 형제다"(마태 23,8).

주님을 따르는 이들이 바라보고 모셔야 할 분은 오직 '하느님'이십니다. 예수님께서 스승님이라고 말씀하신 주님만을 우리가 온 마음으로 섬기고, 그분만을 바라보고 높여야 할 것입니다.

주님을 따르는 이들은 모두 한 형제입니다. 주님께서는 우리가 신앙 안에서 당신과 친교를 이루면서, 서로 존중하고 존경하며 사랑을 나누는 공동체로 발돋움하기를 원하십니다. 또한 주님께서는 참된 신앙인으로, 그리고 참된 신앙 공동체로 나아가기 위해서 우리에게 '섬김'과 '겸손'의 가르침을 주십니다. 실제로 섬김과 겸손은 신앙인들이 쉽게 유혹에 빠질 수 있는 영적 교만과 위선, 과시욕 등으로부터 주님께 더욱 가까이 갈 힘을 줍니다.

주님께서는 형제들이 주님 안에서 서로를 섬기고 겸손하게 대하는 모습을 사랑하십니다. 그러한 공동체의 형제들은 다른 형제들과 나누는 사랑의 모습 속에서 주님의 현존을 체험할 것이고 그분의 사랑을 충만히 얻어 누리게 될 것입니다.

부족한 모습들이 우리 신앙 여정에 늘 존재하지만, 우리를 항상 사랑하시고 높여 주시는 주님께서는 당신께 마음을 열고 가까이 오는 사람을 외면하지 않으십니다. 우리는 그런 주님 안에서 자비와 용서와 사랑을 느끼고 배웁니다. 그리고 우리는 그 힘으로 우리 형제들을 다시 겸손하게 섬길 힘을 주님께 얻습니다.

🌿 함께 기도하시겠습니다.

 자비의 주님, 언제나 당신의 자비와 사랑을 저희에게 충만히 주심에 감사드립니다.
 주님, 하지만 저희는 당신의 사랑을 받는 것에 아직은 더 익숙할 것 같습니다.
 주님, 저희가 하는 일이 조금 잘될 때, 당신을 찾기보다 저희 능력을 바라보았고 다른 형제들에게 인정받는 것을 원할 때가 더 많았습니다.
 주님, 저희의 마음을 당신 닮은 온유한 마음으로 채워 주시고, 누가 알아주지 않더라도 숨은 일도 꿰뚫어 보시는 당신께서 저희 말과 행동을 알아주시고 기뻐하고 계심에 감사하게 하소서.
 그리하여 항상 주님과 이웃 형제들을 겸손한 마음으로 섬기며, 당신께서 원하시는 사랑의 공동체를 이루는 일꾼이 되게 하소서.
 우리 주 예수 그리스도를 통하여 비나이다. 아멘!

연중 제32주일 - 평신도 주일
마태 25,1-13

슬기로운 처녀들은
등과 함께 기름도
그릇에 담아 가지고 있었다.

마태 25,4

🌱 오늘 '열 처녀의 비유'에는 상반된 두 집단의 처녀들이 등장합니다. 물론 두 집단은 신랑을 맞이하기 위한 공통의 목적을 가지고 있습니다. 그리고 한밤중에 언제 올지 모르는 신랑을 맞이하기 위해서 모든 신부들은 등과 함께 기름도 담아 가지고 있어야 했습니다.

하지만 어리석은 다섯 처녀들은 등은 가지고 있었지만 기름은 가지고 있지 않았습니다. 예수님께서는 오늘 비유를 통해 우리에게 당신의 재림을 언제나 깨어 기다리며 준비해야 함을 일깨워 주시면서 다음 두 가지를 요구하십니다.

첫째, 주님께서는 반드시 오신다는 것을 잊지 말아야 합니다.

이 말은 주님의 재림을 뜻하는 것으로 자칫 반복되는 신앙생활에서 오는 안일함을 경계해야 하는 것입니다. 여기서 중요한 것은 그분께서 반드시 재림하신다는 사실입니다. 종말론적인 가르침이 먼 미래의 것이 아니라 언제든 우리 곁에 있음을 잊지 않는 것이 중요합니다. 그래서 우리가 회개해야 하는 날은 바로 '오늘, 지금'입니다.

둘째, 등은 가지고 있었지만 기름은 가지고 있지 않았던 어리석은 처녀들의 모습이 우리의 모습일 수 있다는 것을 성찰해야 합니다.

우리는 오늘 비유를 들으면서 슬기로운 처녀들의 모습에 우리 모습이 가까웠으면 하는 기대를 할지 모릅니다. 하지만 우리가 주님의 오심을 머리로는 이해하고 받아들이면서 충실히 준비하지 못하고 있다면, 그러한 우리의 신앙생활 모습 속에는 어리석은 처녀들의 모습도 분명히 있을 것입니다.

여기서 우리에게 중요한 것은 기름을 얻기 위한 노력입니다. 기름은 외적 측면의 신실함을 지속시킬 수 있는 내적 동인, 곧 하느님에 대한 깊은 믿음을 상징합니다. 그래서 "기름을 가지고 있지 않았다."(마태 25,3)는 것은 하느님과의 관계 속에서 그분과의 일치함 없이 외형적인 신앙생활만을 유지하는 상태를 일컫는 것입니다.

우리가 여기서 성찰할 부분은 '얼마나 우리 삶에서 주님의 현존을 체험하고 있고 일치하려고 노력했는가?'에 있습니다.

기름은 생각만큼 쉽게 얻어지는 것이 아닙니다. 주님의 말씀을 생명의 말씀으로 받아들이고 하루하루 주님 말씀에 희망을 품고 충실히 실천할 때 그 기름을 얻을 수 있습니다. 그러나 아직 기름을 많이 모으지 못했다고 자책할 필요는 없습니다. 주님께서는 지금도 우리에게 그 기름을 준비할 기회를 여전히 주시고 계시기 때문입니다.

주님께서는 오늘 '열 처녀의 비유'를 통해 당신의 재림이 반드시 있다는 사실과 그것을 준비하기 위해서는 바로 '지금'부터 준비할 것을 요구하십니다. 끊임없이 죄인들의 회개를 위해 기다리시는 주님께서는 당신 자녀들이 모두 구원받기를 우리보다 더 바라고 계십니다.

또한 한 번의 회개로 우리 신앙생활이 완성되는 것이 아니기에, 주님께서 오시는 것을 인내를 가지고 기다리며, 주님께 대한 굳은 믿음과 말씀의 충실한 이행으로 주님을 만나는 그 순간을 기쁘게 준비해야 할 것입니다.

🌿 함께 기도하시겠습니다.

 주님, 당신을 맞이하러 나갈 수 있음에 설레고 감사드립니다.
 주님, 그러나 제가 가진 기름은 아직 많이 부족해 보이는 듯합니다.
 주님, 저희가 당신께서 주시는 깊은 사랑과 하나 되고 당신을 향한 믿음 안에서 이웃과도 그 사랑을 나누며, 당신을 만나기 위한 충분한 기름을 준비하게 하소서.
 주님, 그리하여 당신을 만나 당신께서 주시는 영원한 행복을 저희도 누리게 하소서.
 우리 주 예수 그리스도를 통하여 비나이다. 아멘!

연중 제33주일 - 세계 가난한 이의 날
마태 25,14-30

잘하였다,
착하고 성실한 종아!

마태 25,21

🌱 오늘 복음에 소개된 '탈렌트의 비유'에서 주인이 각자에게 준 탈렌트를 받아 든 종들의 모습은 크게 두 부류로 나타났습니다. 그것은 '충실한 종과 불충실한 종'의 모습이었습니다.

우선 주인에게 칭찬과 보상을 받게 되는 종의 모습은 주인이 준 탈렌트를 각각의 양을 보존하는 수준이 아니라 각자가 받은 양만큼 노력해서 더 벌어들인 부분에 있습니다. 그러나 여기서 주인의 태도는 다섯 탈렌트를 받은 종이나 두 탈렌트를 받은 종의 그 양에 대해서 차등을 두어 칭찬하지 않습니다.

종에게는 각자가 받은 능력, 곧 탈렌트에 맞추어서 종 자신이 얼마나 주인의 뜻을 헤아리고 간직하며, 충실하게 노력해서 열매 맺었는지가 중요한 것이었습니다. 그래서 주인은 기뻐하며 충실한 종에게 노력한 일과 열매를 칭찬하였고, 종은 주인과 함께 기쁨을 나누는 영광을 얻게 되었습니다.

그러나 문제는 세 번째 종, 곧 한 탈렌트를 받은 종에게서 발견할 수 있습니다. 그가 받은 탈렌트는 다른 두 종과 비교해 볼 때, 상대적으로 적은 탈렌트였지만, 그것은 주인의 처지에서 볼 때 별 문제가 되지 않는 부분이었습니다.

하지만 그의 태도는 다른 종들과 비교해 볼 때 사뭇

달랐는데, 그는 이미 주인에 대한 그릇된 인식에 사로잡혀 있는 듯해 보였습니다. 그는 불충실한 종이 그렇듯, 주인이 언제 오는지에 대한 관심과 준비보다는 자기 일에 더욱 관심을 가졌고 자신에게 준 탈렌트가 어떻게 쓰이는지, 또 그것을 더 벌기 위한 어떠한 노력도 하지 않았습니다.

그러니 그러한 자신의 그릇된 잘못을 감추고 부정하기 위하여 주인을 "모진 분"으로 이해하며, 주인을 그렇게 규정하였던 것입니다. 그래서 주인은 그 종을 "쓸모없는 종"으로 명명하고 바깥 어둠 속으로 보내게 됩니다.

하느님께서는 우리 각자에게 세례를 통하여 당신의 풍성한 은총과 우리에게 꼭 필요한, 또 우리가 잘 수행할 수 있는 성령의 은사를 내려 주셨습니다. 우리는 세 번째 종이 받게 되는 무서운 벌에 두려움을 갖기보다 주님 사랑의 은총을 각자가 잘 새기고 감사해야겠습니다.

또한 주님을 사랑하기 위한 모든 노력을 아끼지 말 것을 다짐하며, 그 노력이 열매 맺기를 간절히 기도했으면 좋겠습니다. 주님께서는 당신이 주신 은총에 감사하며 충실히 노력하는 우리를 보시고 당신 품에 가까이 가는 날 분명히 우리에게 말씀하실 것입니다.

"잘하였다, 착하고 성실한 종아! 와서 나와 함께 기쁨을 나누자!"(마태 25,21 참조)

🌿 함께 기도하시겠습니다.

 자비의 주님, 언제나 저희에게 당신의 은총을 충만하게 내려 주심에 감사드립니다.
 주님, 또한 저희 각자에게 탈렌트를 주시어, 그것을 통해 당신의 숨결을 느끼며 하늘 나라를 향해 힘쓰게 하셨나이다.
 주님, 하지만 세상일과 걱정 그리고 갖가지 유혹으로 당신께서 주신 탈렌트를 키워 나가는 데 집중하기보다 세속적인 것에 더 힘쓸 때가 많았습니다.
 주님, 언제나 저희와 함께하시는 당신의 숨결을 저희가 받은 은사를 통해 느끼고 그것으로 하여금 당신께 나아가는 데 충실하도록 이끌어 주소서.
 그리하여 당신께서 주시는 은총이 천상의 것임을 맛 들이고, 저희가 가진 탈렌트를 더욱 키워 나가게 하소서.
 우리 주 예수 그리스도를 통하여 비나이다. 아멘!

온 누리의 임금이신
우리 주 예수 그리스도왕 대축일
마태 25,31-46

> 그는
> 목자가 양과 염소를 가르듯이
> 그들을 가를 것이다.
> 그렇게 하여
> 양들은 자기 오른쪽에,
> 염소들은 왼쪽에 세울 것이다.
>
> 마태 25,32-33

🌿 오늘 예수님께서는 제자들에게 당신 재림과 그와 함께 일어날 최후의 심판에 대해 말씀하십니다. 특히 예수님께서는 최후의 심판을 목자가 양과 염소를 가르듯 선인과 악인을 구별하는 모습으로 말씀하십니다. 예수님께서 말씀하신 최후의 심판 때 선인과 악인이 구별되는 중요한 기준은 '사랑의 실천'입니다.

실제로 예수님께서 말씀하신 의인들의 모습을 보게 되면, 사랑을 적극적으로 실천합니다. 그들은 예수님의 말씀을 마음에 새기고 살면서, 어렵고 가난한 이웃을 볼 때 주님께서 그들에게 느꼈던 연민의 마음을 같이 느꼈을 것이고 그들에게 다가가 진심으로 그들을 보살피고 위로하면서 그들과 순수하게 사랑을 나누었던 것입니다.

특히 예수님의 말씀에서 새길 수 있는 강조점은 '가장 작은 이들'도 예수님의 형제들이고 그 형제들 안에서 예수님이 드러난다는 것입니다. 그래서 그들 가운데 한 사람에게 사랑을 실천한 것이, 곧 예수님께 드리는 사랑과 같다고 말씀하신 것입니다. 또한 우리가 해야 할 일은 단지 우리 주변에서 볼 수 있으며, 우리와 친한 사람들만을 사랑하는 것으로부터 더 적극적인 사랑을 실천하는 것입니다.

그러면 어떻게 적극적인 사랑을 실천할 수 있을까요?

그와 같은 일을 하려면 예수님께서 강조하신 가난한 사람에 대한 새로운 인식과 그들과 나누는 순수한 사랑에 있습니다. 사실 예수님께서는 가난한 이들에 대한 순수하고 진정한 사랑이 얼마나 큰 일인지를 다음과 같이 말씀하십니다.

"네가 잔치를 베풀 때에는 오히려 가난한 이들, 장애인들, 다리저는 이들, 눈먼 이들을 초대하여라. 그들이 너에게 보답할 수 없기 때문에 너는 행복할 것이다. 의인들이 부활할 때에 네가 보답을 받을 것이다"(루카 14,13-14).

주님께서는 이 말씀을 통해 우리가 의인이 되는 길을 일깨워 주십니다. 그것은 다름 아닌 가난하고 아프며, 우리의 도움이 필요한 이들에게 다가가 사랑을 베풀라는 것입니다. 또한 오늘 복음과 연결하여 그들을 초대하고 맞이할 때 주님을 맞이하듯 해야 하는 것입니다. 그럴 때 그들에게 선행과 사랑을 베푸는 것이 행복한 일이라는 것을 일깨워 주십니다.

그 이유는 바로 그렇게 사랑을 베푼 사람이야말로 주님 마음에 드는 사람이고 주님의 눈에 '의인'으로 보이게 될 것이며, 그 사람은 주님 안에서 부활하여 보답, 곧 영원한 생명을 얻을 것이기 때문입니다.

우리는 가난한 형제들과 나누는 사랑으로 주님을

만납니다. 이를 통해 진정한 겸손과 사랑을 배우고, 우리에게 최고의 겸손과 사랑으로 다가오신 예수님을 우리의 구원자요, 왕으로 고백하게 됩니다.

이렇게 왕으로 고백하는 우리의 예수님을 가난한 이들과 함께 나누는 사랑으로 모시고 따를 때, 주님께서는 분명히 우리에게 이렇게 말씀해 주실 것입니다.

"내 아버지께 복을 받은 이들아, 와서, 세상 창조 때부터 너희를 위하여 준비된 나라를 차지하여라"(마태 25,34).

🌿 함께 기도하시겠습니다.

 사랑의 주님, 언제나 저희에게 당신의 사랑을 한없이 내려 주심에 감사드립니다.
 주님, 또한 저희가 당신을 충실히 따를 때나 잘못했을 때나 변함없이 저희를 아끼고 사랑해 주심에 감사드립니다.
 주님, 하지만 저희는 아직 저희를 사랑해 주는 형제들에게 더 마음이 열리고 그들을 사랑하는 데에도 벅찰 때가 많습니다.
 주님, 당신의 겸손한 마음과 사랑으로 충만한 마음을 저희가 느끼고 배우게 하소서.
 그리하여 가난하고 아파하는 형제들과 저희의 도움이 절실히 필요한 형제들을 외면하지 않고 그들과 나누는 사랑 안에서 당신을 만나 뵈옵게 하소서.
 우리 주 예수 그리스도를 통하여 비나이다. 아멘!

주석

01 참조: 맥스 루케이도, 『내 안에 계신 예수님』, 두란노서원 2004, 29-30.
02 참조: 이준화, 『참 소중한 당신』, (3/2007), 118-120.
03 한홍, 『기도, 하늘의 능력을 다운로드하라』, 생명의말씀사 2010, 153.
04 김아리, "종교 가진 사람들이 더 행복할까", 『한겨레21』, 2018.03.15.
05 참조: "노인의 등불", 인터넷 홈페이지 '잭슨빌제일장로교회', 2013.8.16.
06 참조: 김수환 추기경 구술·평화신문 엮음, 『추기경 김수환 이야기』(증보판), 가톨릭평화방송·평화신문 2009, 311-313.
07 참조: 차동엽, 『사도신경』, 위즈앤비즈 2012, 178-179.
08 차동엽, 『통하는 기도』, 위즈앤비즈 2019, 38-39.
09 참조: 한태완, "오직 예수", 인터넷 홈페이지 '햇볕같은 이야기 최용우서점', 2008.05.16.
10 참조: 김상복, "태워도 없어지지 않는 '말씀'", 『국민일보』, 2001.07.25.

11 참조: 박상철, "사랑으로 갚은 원수", 『좋은 생각』, (5/1993), 113.
12 참조: 최원오, "교부들의 가르침(5) 베드로 행전", 『가톨릭신문』, 2002.11.03.
13 프란치스코, "시련 속에서 우리 자신을 아버지께 의탁하는 방법을 예수님에게서 배웁시다", 『바티칸뉴스』, 김호열 (역), 2019.04.14.

Nihil Obstat :
Presbyter Raphael Jung
Censor Librorum

Imprimatur :
Ioannes Baptista JUNG Shin-chul, S.T.D., D.D.
Episcopus Incheonensis
die X mensis Septembris, anno Domini MMXXV

주일 복음에서 만나는 주님(가해)

빛이 떠올랐다 마태 4,16

교회인가 2025년 9월 10일
초판 1쇄 발행 2025년 10월 20일
초판 2쇄 발행 2025년 11월 17일

글 김상인

펴낸이 김상인
펴낸곳 위즈앤비즈
편집 허유현
디자인·일러스트 김지수
주소 경기도 김포시 고촌읍 신곡로 134
전화 031-986-7141
출판등록 제409-3130000251002007000142호 2007년 7월 2일
홈페이지 miraesm.qshop.ai

ISBN 979-11-980394-6-0 03230
값 17,000원

성경 ⓒ 한국천주교중앙협의회, 2025.
- 이 책 내용의 일부를 재사용하려면 반드시 저작권자와 위즈앤비즈 양측의 서면에 의한 동의를 받아야 합니다.
- 잘못 만들어진 책은 바꾸어 드립니다.